El Precio del Llamado

Lo Que Significa Seguir a Cristo

Diego Colón Batiz

Prólogo de Dr. Yattenciy Bonilla

© 2024 "El Precio del Llamado". Por Diego Colón Batiz.
Todos los derechos reservados. Prohibida la reproducción total o parcial de esta obra por cualquier medio sin la debida autorización del autor.
ISBN: 979-8-9922869-1-5
LCCN (Library of Congress Control Number): 2024927457
Copyright publicadora 'Diego Colon Ministries'.
Teléfono: 407-900-1995
Email: pastor.diegocolon@gmail.com
Orlando, Florida, EE. UU

Creado por: Baute Production Publisher
https://baute-production-publisher.tiiny.site
Teléfono: (813) 693-8879
Email: authors@usa.com
Tampa, Florida, USA.
Diseños: Diego Colón
Arreglos: Héctor Torres

Contenido de Temas

Prologo 5

Prefacio 7

Introducción 9

Capítulo 1 ¿Qué Significa el Llamado? 13

Capítulo 2 Negarse a Sí Mismo: El Primer Paso 23

Capítulo 3 Cargar la Cruz: Una Vida de Renuncia 31

Capítulo 4 El Costo del Compromiso 39

Capítulo 5 El Sacrificio de la Voluntad Propia 49

Capítulo 6 La Guerra Espiritual del Discípulo 59

Capítulo 7 La Recompensa del Llamado 69

Capítulo 8 El Llamado a Servir: El Ejemplo de Cristo 77

Capítulo 9 Persecución y Rechazo: El Camino del Discípulo ... 85

Capítulo 10 Renunciar a Todo: El Testimonio de los Apóstoles . 93

Capítulo 11 La Muerte al Yo: Vivir para Cristo 103

Capítulo 12 El Llamado de Hoy: Un Desafío a la Iglesia Moderna
.... 111

Epilogo. Un Llamado a la Rendición Total 119

Preguntas para Profundizar 123

Acerca del Autor 129

Prologo

En una sociedad que presenta problemas graves como situaciones de guerra, cambio climático, una resistencia a la religión institucionalizada, entre otros. Son problemas que preocupan y sobre los que podemos actuar. Ante este panorama nos encontramos con una obra relevante que nos provee información bíblica y teológica sobre el discipulado, el llamado, el servicio, el sacrificio concepciones que debemos conocer y además nos exhorte para ser parte del cambio en nuestra sociedad.

El libro *El precio del llamado* del autor Diego Colón Batiz, nos despierta al compromiso y la responsabilidad de servir. El autor de una manera magistral nos presenta las características esenciales del llamado al ministerio considerando el modelo de la cristología y mostrando bases bíblicas sobre el tema. En esta obra se destaca el deseo de desarrollar un ministerio de servicio a la comunidad de fe, la importancia de servir y la consagración a Dios mediante el ministerio.

Para comprender el contenido de una manera amplía, aconsejo que este libro sea cuidadosamente leído y estudiado de una manera personal o en comunidad en espacios educativos, de reuniones familiares, de devocionales. La obra es un recurso bibliográfico novedoso porque incluye conceptos vitales sobre el servicio cristiano, entre ellos tenemos el amor, la entrega, el sacrificio, la creatividad. El aporte del autor Diego con respecto al sacrificio, a la entrega es extraordinario los describe y expone desde una perspectiva positiva y cristiana, la vida como una dedicación, una ofrenda presentada a Dios a través de servir a los demás en relación con la obra sacrificial de Jesús.

Es un texto que, a la vez que nos provee información de este tema prioritario como es el servicio. Sus páginas nos llevan a reflexionar acerca de nuestra responsabilidad como discípulos de Jesús; de igual forma nos invita a evaluar la contribución que estamos haciendo como creyentes, como iglesia en el establecimiento y la expansión del Reino de Dios en nuestra sociedad.

Yattenciy Bonilla Cerquera

Prefacio

Obedecer el llamado de Dios es un viaje lleno de desafíos, renuncias y decisiones difíciles, muchas de las cuales parecen carecer de sentido desde nuestra perspectiva humana. Sin embargo, es precisamente en esa aparente falta de lógica donde Dios moldea nuestro carácter y nos revela Su propósito eterno. Este libro nace de la convicción de que el costo del llamado no es un precio que se paga de una sola vez, sino un proceso continuo de entrega y confianza en el plan divino.

En mis casi 30 años de ministerio, he sido testigo de cómo hombres y mujeres responden al llamado de Dios con entusiasmo, solo para encontrarse con desilusiones y pruebas que los llevan al borde de la duda. Yo mismo he caminado por ese sendero, preguntándome en ocasiones si los sacrificios realmente valían la pena. Pero cada paso, incluso los más dolorosos, ha reafirmado una verdad esencial: el llamado de Dios nunca es fácil, pero siempre es transformador.

Las Escrituras están llenas de ejemplos de personas que, al responder al llamado divino, enfrentaron momentos de incertidumbre, rechazo y sacrificio. Desde Abraham dejando su tierra natal hasta Pablo enfrentando cárceles y naufragios, la obediencia siempre ha tenido un costo. Este libro busca conectar esas historias con nuestras propias vidas, mostrando cómo Dios utiliza nuestras circunstancias, dones y debilidades para cumplir Su propósito.

A menudo pensamos que obedecer a Dios es un acto de fe que produce resultados inmediatos. Sin embargo, la realidad es que, muchas veces, la obediencia nos conduce al desierto, a la soledad o incluso a la incomprensión de quienes nos rodean. Es en esos momentos cuando nos enfrentamos a la pregunta crucial: ¿Estamos dispuestos a seguir a Cristo, aunque el camino sea incierto o doloroso?

"El Precio del Llamado" no pretende ser una guía exhaustiva ni un manual con respuestas fáciles. Más bien, es una reflexión sobre la profundidad del llamado de Dios y lo que implica caminar en obediencia radical. Mi esperanza es que, al leer estas páginas, encuentres consuelo en las promesas de Dios y fortaleza para enfrentar las pruebas con fe y determinación.

Dios no busca perfección; busca disposición. No llama a los capacitados, sino que capacita a los llamados. Mi oración es que este libro te inspire a abrazar el costo del llamado con valentía, reconociendo que cada sacrificio vale la pena cuando lo hacemos por Aquel que nos llamó de las tinieblas a Su luz admirable.

Introducción

Un Llamado que Cuesta Todo

En el corazón de cada ser humano hay un anhelo de propósito. Buscamos algo más grande que nosotros mismos, algo que le dé sentido a nuestras vidas. Sin embargo, el mundo en el que vivimos nos ofrece falsas promesas de éxito y realización personal sin costo. Nos enseña que podemos tenerlo todo, que el confort y la felicidad están a nuestro alcance si tan solo seguimos los pasos correctos. Pero Jesús nos muestra un camino radicalmente diferente. Su llamado no es a la comodidad ni a la prosperidad terrenal, sino a una vida de entrega, sacrificio y obediencia total a Dios.

Cuando Jesús llamó a sus primeros discípulos, no les prometió riquezas ni fama. En cambio, les dijo que debían negarse a sí mismos, tomar su cruz y seguirle (**Lucas 9:23**). Este llamado sigue vigente hoy. No importa cuán moderna sea nuestra sociedad o cuán diferentes sean nuestros desafíos, el costo de seguir a Cristo permanece inmutable. Él no ha suavizado Su mensaje para adaptarse a nuestros tiempos. Por el contrario, nos sigue invitando a dejarlo todo por Él, a vivir para un Reino que no es de este mundo.

Este libro nace de la convicción de que, en un mundo que valora tanto el éxito personal y la comodidad, el verdadero discipulado se ha diluido. La iglesia, en muchos casos, ha adaptado su mensaje a los deseos de la cultura moderna, olvidando que seguir a Cristo implica un costo. Pero Jesús nunca ofreció un camino fácil. De hecho, nos advirtió que habría tribulaciones, que enfrentaríamos persecución y rechazo por Su causa. ¿Por qué, entonces, tantas iglesias hoy predican un mensaje centrado en la bendición y no en el sacrificio?

En estas páginas, exploraremos lo que significa seguir a Cristo de verdad. Observaremos la vida de aquellos que, a lo largo de la historia, han estado dispuestos a pagar el precio. Desde los primeros apóstoles hasta los mártires modernos, el costo del discipulado ha sido alto. Sin embargo, quienes lo han pagado han encontrado algo mucho más valioso que cualquier recompensa terrenal: una vida plena en Cristo.

El propósito de este libro no es simplemente enseñar sobre el costo del llamado, sino desafiarte a examinar tu propio caminar con Dios. ¿Has considerado lo que te está costando seguir a Jesús? ¿O has caído en la trampa de buscar una vida cómoda, sin desafíos ni sacrificios? Estas son preguntas que debemos hacernos constantemente, porque el discipulado no es una decisión única; es una elección diaria. Cada día, Jesús nos llama a tomar nuestra cruz y seguirle.

En un mundo que nos empuja a buscar la gratificación inmediata, la invitación de Jesús parece radical. Él nos llama a negar nuestros deseos, a poner Su voluntad por encima de la nuestra y a confiar en que, a través del sacrificio, encontraremos la verdadera vida. Esta no es una vida que el mundo pueda entender, pero es la vida que Cristo nos ofrece. Él no solo nos llama a creer en Él, sino a vivir como Él vivió: una vida marcada por la obediencia y el sacrificio.

A lo largo de este libro, profundizaremos en lo que significa renunciar a nuestras ambiciones personales, nuestros sueños e incluso nuestras relaciones, si es necesario, por el Reino de Dios. Veremos cómo Jesús mismo modeló esta vida de entrega y cómo nos llama a hacer lo mismo. Es una invitación a vivir de manera contracultural, a desafiar los valores del mundo y a abrazar el Reino de Dios con todo lo que somos.

El discipulado no es una vida de comodidad. Es una vida de servicio, de amor sacrificial y de entrega. A veces, la obediencia a Dios parecerá incomprensible. Puede que nos lleve a lugares de sufrimiento o nos pida renunciar a lo que más valoramos. Pero en cada acto de obediencia descubrimos algo más profundo: el carácter de Dios, Su fidelidad y Su gracia sustentadora. Cuando obedecemos, incluso sin entender, experimentamos una dimensión más profunda de nuestra relación con Él.

Este libro también busca desafiar la complacencia espiritual que puede instalarse en nuestras vidas. La vida cristiana no es un estado de comodidad estática, sino un llamado continuo a avanzar, a crecer y a ser transformados. Jesús nos llama a caminar por fe, no por vista, y eso a menudo significa confiar en Su plan, incluso cuando no podemos ver el final del camino. Es un llamado a depender de Su gracia, sabiendo que nuestras fuerzas no son suficientes, pero que Su poder se perfecciona en nuestra debilidad.

Habrá momentos en que la obediencia parecerá injusta. Veremos a personas que no siguen a Cristo prosperar mientras nosotros enfrentamos dificultades. Pero este libro te ayudará a ver la vida a través de la lente eterna del Reino de Dios. En Su Reino, el éxito no se mide con estándares terrenales. Lo que importa es nuestra fidelidad y nuestra disposición a seguirlo, a pesar de las circunstancias. La verdadera recompensa de seguir a Cristo no siempre se manifiesta en esta vida, pero las recompensas eternas superan cualquier sacrificio temporal.

Hablar del precio del llamado no significa despreciar lo humano, ni ignorar el valor de la familia. Significa entender que el llamado de Dios ordena cada aspecto de la vida, y en ese orden, la familia no compite con el ministerio: camina bajo el mismo propósito. No hay contradicción entre servir a Dios y cuidar a los tuyos cuando ambos se hacen desde la obediencia. Pero cuando el creyente usa el "equilibrio" como excusa para evitar el sacrificio, pierde la esencia del llamado. Dios es un Dios de orden, y ese orden incluye temporadas de entrega, de servicio y también de reposo. En el llamado verdadero, el sacrificio no destruye el hogar: lo purifica, lo fortalece y lo alinea al propósito eterno.

Si estás dispuesto a considerar ese precio, este libro será una guía para ayudarte a discernir lo que Dios te está llamando a hacer. No es un libro de fórmulas ni de promesas fáciles. Es un llamado a vivir una vida de fe radical, de obediencia inquebrantable y de sacrificio. Es un desafío a dejar atrás las cosas que el mundo valora y a aferrarte al único tesoro que tiene valor eterno: Cristo mismo.

Mi oración es que, a través de estas páginas, escuches el suave pero claro llamado de Jesús a seguirle más de cerca. Que Su Espíritu te hable mientras consideras el costo de seguirlo y que encuentres en Él la fuerza para caminar este camino. El discipulado cuesta, pero es un costo que vale la pena pagar, porque quien pierde su vida por Cristo, la hallará.

Capítulo 1

¿Qué Significa el Llamado?

Introducción

El llamado de Cristo a los creyentes es uno de los aspectos más transformadores y desafiantes del Evangelio. A lo largo de los Evangelios, vemos cómo Jesús extiende Su llamado a personas de diferentes trasfondos, contextos y estilos de vida. Sin embargo, este llamado no es simplemente una invitación a la salvación, sino un compromiso de por vida que implica sacrificio, obediencia y entrega total. Jesús no nos llama a seguirlo para obtener beneficios temporales, sino para participar en Su misión eterna: llevar el mensaje del Reino de Dios al mundo. Este llamado es profundo y radical, y a lo largo de la historia de la Iglesia, millones de personas han respondido a esta invitación, enfrentando desafíos, persecución y sacrificios por la causa de Cristo.

El llamado de Cristo es tanto una invitación abierta a todos como una demanda de transformación personal. Aquellos que responden a este llamado son invitados a abandonar sus propias ambiciones y a vivir para los propósitos de Dios. Pero, ¿qué significa realmente este llamado? ¿Cómo podemos comprender la profundidad de lo que implica seguir a Jesús?

En este capítulo exploraremos tres aspectos clave del llamado de Cristo: primero, la naturaleza del llamado a los creyentes; segundo, la diferencia entre ser llamado y ser elegido; y tercero, la invitación a seguir a Cristo en los Evangelios. Estos temas nos ayudarán a profundizar en nuestra comprensión de lo que significa ser un verdadero discípulo de Jesús.

El Llamado de Cristo a los Creyentes

El llamado de Cristo a los creyentes es, ante todo, una invitación a dejar atrás la vida antigua y comenzar una nueva vida en Él. En **Marcos 1:16-20**, Jesús llama a Simón, Andrés, Santiago y Juan mientras pescaban junto al mar de Galilea. Les dijo: *"Venid en pos de mí, y haré que seáis pescadores de hombres"*. Inmediatamente, ellos dejaron sus redes y lo siguieron. Este llamado fue más que una simple invitación a escuchar una enseñanza; fue una demanda de una vida nueva, en la cual su identidad y propósito estarían determinados por Cristo. En este sentido, el llamado de Cristo es transformador: no se trata solo de agregar una nueva creencia a nuestra vida, sino de experimentar una transformación radical que cambia el rumbo de nuestra existencia.

El llamado de Cristo también es una invitación a participar en Su misión. Cuando Jesús llamó a Sus discípulos, no les prometió una vida fácil o cómoda, sino que los invitó a colaborar en la obra de extender el Reino de Dios.

En **Mateo 28:19-20**, Jesús les da la Gran Comisión: *"Id, y haced discípulos a todas las naciones"*. El llamado de Cristo siempre implica una misión más grande que nuestras propias vidas. No se trata solo de recibir bendiciones, sino de convertirse en bendición para los demás. Esto significa que el llamado no es pasivo, sino activo. Los creyentes son llamados a ser agentes de cambio, llevando el mensaje de salvación al mundo y haciendo discípulos en todas las naciones.

Además, el llamado de Cristo es universal. Jesús llama a todos los que están "trabajados y cargados" a venir a Él y encontrar descanso (**Mateo 11:28**). No importa cuál sea nuestro trasfondo, historia o condición, el llamado de Cristo está disponible para todos. Sin embargo, aunque el llamado es universal, la respuesta a ese llamado es individual. Cada persona debe decidir si está dispuesta a dejar atrás lo que le impide seguir a Cristo y abrazar Su llamado con todo el corazón. En los Evangelios vemos que no todos los que fueron llamados por Jesús respondieron de la misma manera. Algunos, como los primeros discípulos, lo dejaron todo para seguirle, mientras que otros, como el joven rico, se alejaron tristes, incapaces de desprenderse de lo que más valoraban.

Responder al llamado de Cristo requiere sacrificio. En **Lucas 9:23**, Jesús dijo: *"Si alguno quiere venir en pos de mí, niéguese a sí mismo, tome su cruz cada día y sígame"*. Este llamado a negarse a uno mismo y a tomar la cruz es una de las demandas más radicales del discipulado cristiano. No se trata simplemente de creer en Jesús, sino de seguirlo, incluso cuando eso signifique enfrentar sufrimiento, rechazo o sacrificios personales. A lo largo de la historia de la Iglesia, los cristianos han entendido este llamado como una invitación a una vida de entrega total. Desde los mártires de la Iglesia primitiva hasta los misioneros modernos, millones de creyentes han tomado su cruz y han seguido a Jesús, confiando en que las recompensas eternas superan cualquier sacrificio temporal.

El llamado de Cristo también tiene un componente comunitario. No somos llamados a seguir a Cristo de manera aislada, sino como parte de una comunidad de fe. En **1 Pedro 2:9**, se nos dice que somos *"linaje escogido, real sacerdocio, nación santa, pueblo adquirido por Dios"*. El llamado de Cristo nos une a otros creyentes en una misión común: proclamar las virtudes de Aquel que nos llamó de las tinieblas a Su luz admirable. Este aspecto comunitario del llamado es crucial, ya que nos recuerda que no estamos solos en nuestro caminar con Cristo. Somos parte de un cuerpo más grande, la Iglesia, y juntos participamos en la misión de Dios.

En resumen, el llamado de Cristo a los creyentes es una invitación a una vida transformada, una vida de misión y servicio, una vida de sacrificio y comunidad. No se trata simplemente de un cambio en nuestras creencias, sino de un cambio en nuestra identidad, propósito y misión en el mundo. Al responder al llamado de Cristo, nos convertimos en Sus discípulos, participantes activos en la obra del Reino de Dios, llevando el mensaje de salvación a un mundo que desesperadamente lo necesita.

Ser Llamado vs. Ser Elegido

Una de las distinciones más importantes en el Nuevo Testamento es la diferencia entre ser llamado y ser elegido. En **Mateo 22:14**, Jesús dice: *"Porque muchos son llamados, pero pocos son escogidos"*. Esta declaración plantea una pregunta importante: ¿qué significa ser llamado? ¿Y qué significa ser elegido? Para comprender esta distinción, es necesario profundizar en la naturaleza del llamado de Dios y en nuestra respuesta a ese llamado.

Ser llamado, en términos bíblicos, es una invitación abierta de parte de Dios a toda la humanidad. En **2 Pedro 3:9**, leemos que Dios *"no quiere que ninguno perezca, sino que todos procedan al arrepentimiento"*. Este llamado universal es una expresión del amor y la gracia de Dios, que invita a todos los que escuchen el Evangelio a entrar en una relación con Él. Sin embargo, ser llamado no es lo mismo que ser elegido. Mientras que todos son llamados, no todos responden al llamado de Dios de manera que los lleve a ser parte de los elegidos. La elección implica una respuesta activa de fe y obediencia al llamado de Dios.

Ser elegido, por otro lado, implica una relación más profunda y comprometida con Dios. En **Juan 15:16**, Jesús les dice a Sus discípulos: *"No me elegisteis vosotros a mí, sino que yo os elegí a vosotros"*. Esta elección no se basa en nuestros méritos o habilidades, sino en la gracia soberana de Dios. Los elegidos son aquellos que han respondido al llamado de Dios con una vida de fe, obediencia y transformación. La elección no es un estatus pasivo; es una realidad activa que implica vivir de acuerdo con el propósito y la misión de Dios en el mundo.

La Elección de Dios y Su Plan Redentor

La elección de Dios está profundamente conectada con Su soberanía y Su plan redentor. En **Efesios 1:4-5**, Pablo escribe: *"Según nos escogió en él antes de la fundación del mundo, para que fuésemos santos y sin mancha delante de él, en amor habiéndonos predestinado para ser adoptados hijos suyos por medio de Jesucristo"*. Esta elección divina no es un capricho, sino una parte integral del plan de Dios para redimir al mundo. Aquellos que son elegidos por Dios son llamados a participar en Su plan redentor, viviendo vidas santas y compartiendo el mensaje de salvación con los demás. Por lo tanto, la elección no es solo un privilegio, sino también una gran responsabilidad.

Además, la elección de Dios requiere perseverancia. En **2 Pedro 1:10**, se nos exhorta: *"Haced firme vuestra vocación y elección"*. Esto significa que aquellos que han sido llamados y elegidos por Dios deben perseverar en la fe, vivir en obediencia continua y participar activamente en la misión divina. No basta con haber sido llamado; debemos vivir de acuerdo con ese llamado y demostrar nuestra elección a través de nuestras acciones. La perseverancia en la fe es una marca distintiva de los elegidos, y aquellos que perseveran hasta el final son los que verdaderamente han sido llamados y elegidos por Dios.

Ser elegido por Dios también implica una vida de santidad y transformación. En **1 Pedro 1:15-16**, se nos dice: *"Sed santos en toda vuestra manera de vivir; porque escrito está: Sed santos, porque yo soy santo"*. La elección no es una licencia para vivir según nuestros propios deseos, sino un llamado a reflejar el carácter de Dios en nuestra vida diaria. Los elegidos son aquellos que han sido transformados por la gracia de Dios y buscan vivir en santidad, obediencia y transformación continua.

En conclusión, mientras que todos son llamados, solo aquellos que responden con fe y obediencia son elegidos. La elección de Dios no es una mera etiqueta, sino una realidad activa que implica una vida de perseverancia, santidad y misión. Los elegidos son aquellos que han sido transformados por la gracia de Dios y que viven de acuerdo con Su propósito y misión en el mundo. Responder al llamado de Dios no es suficiente; debemos perseverar en la fe y vivir vidas que reflejen nuestra elección y compromiso con Cristo.

La Invitación a Seguir a Cristo en los Evangelios

En los Evangelios, Jesús extiende Su invitación a seguirle a personas de diferentes trasfondos, pero no todos responden de la misma manera. La invitación de Cristo es radical y desafiante, y requiere una respuesta personal y transformadora. En **Mateo 16:24**, Jesús dice: *"Si alguno quiere venir en pos de mí, niéguese a sí mismo, tome su cruz y sígame"*. Esta invitación no es una tarea fácil. Implica negarnos a nosotros mismos, tomar nuestra cruz y seguirle, incluso si ello conlleva sacrificios, dificultades o rechazo.

Un ejemplo claro de esta invitación es la historia del joven rico en **Mateo 19:16-22**. Este hombre, aunque sincero en su búsqueda de la vida eterna, no estaba dispuesto a pagar el precio de seguir a Cristo. Cuando Jesús le pidió que vendiera todo lo que tenía y lo siguiera, se fue triste porque "tenía muchas posesiones". Esta historia ilustra el costo del discipulado. Seguir a Cristo no es una invitación a una vida fácil o cómoda, sino a una vida de sacrificio y entrega total. El joven rico no pudo aceptar esta invitación porque no estaba dispuesto a renunciar a lo que más valoraba.

En contraste, la historia de Zaqueo en **Lucas 19:1-10** muestra una respuesta positiva a la invitación de Cristo. Zaqueo, un recaudador de impuestos despreciado por su comunidad, buscaba desesperadamente ver a Jesús. Cuando Jesús lo llamó, Zaqueo respondió con arrepentimiento y generosidad, prometiendo devolver lo que había robado y dar la mitad de sus bienes a los pobres. Esta respuesta refleja el poder transformador de la invitación de Cristo. Al responder con fe y obediencia, su vida fue radicalmente transformada.

La invitación de Cristo también es inclusiva. Jesús no solo llamó a los ricos o poderosos, sino también a los marginados y rechazados por la sociedad. En Juan 4, Jesús se encuentra con una mujer samaritana en el pozo de Sicar. Esta mujer, marcada por el pecado y el rechazo, fue transformada por la invitación de Cristo. Después de escuchar a Jesús, dejó su cántaro y corrió a su aldea para compartir la noticia de su encuentro con el Mesías. La invitación de Cristo no discrimina; Él llama a todos, sin importar su pasado o condición, ofreciéndoles una vida nueva y transformada.

En los Evangelios también vemos que la invitación de Cristo es una invitación a la fe y a confiar plenamente en Él. En **Juan 6:35**, Jesús dice: *"Yo soy el pan de vida; el que a mí viene, nunca tendrá hambre; y el que en mí cree, no tendrá sed jamás".* Seguir a Cristo significa depender completamente de Él para nuestras necesidades espirituales. Es una invitación a encontrar nuestra plenitud en Cristo, dejando de buscar satisfacción en las cosas del mundo.

Finalmente, la invitación de Cristo es una invitación a la misión. Jesús no solo llamó a las personas a seguirle, sino también a compartir Su mensaje con otros. En **Mateo 28:19-20**, Jesús da la Gran Comisión: *"Id, y haced discípulos a todas las naciones".* Esta invitación a la misión es una parte integral del llamado de Cristo. Los que siguen a Jesús no solo son llamados a recibir, sino también a dar, llevando el mensaje de salvación a todos los que encuentren.

En resumen, la invitación de Cristo en los Evangelios es radical, inclusiva y transformadora. Es una invitación a una vida de fe, sacrificio y misión. Aquellos que responden a esta invitación experimentan una transformación profunda en sus vidas y participan en la misión de Cristo en el mundo. Seguir a Jesús no es fácil, pero es el único camino hacia la vida plena y abundante que Él promete.

Conclusión

El llamado de Cristo es más que una simple invitación; es una demanda de transformación total. A través de los Evangelios, vemos que el llamado de Cristo es una invitación a dejarlo todo y seguirle con todo nuestro ser. No es suficiente escuchar el llamado; debemos responder con una vida de fe, obediencia y perseverancia. Ser llamado no es lo mismo que ser elegido; la elección implica una vida comprometida con Cristo y Su misión.

Aquellos que responden al llamado de Cristo son transformados y capacitados para participar en la obra del Reino de Dios. Seguir a Cristo no es fácil, pero es el único camino hacia una vida plena y significativa. A través del llamado de Cristo, somos invitados a participar en Su misión redentora, llevando el mensaje de salvación a un mundo que desesperadamente lo necesita. Al responder a este llamado, descubrimos que en Cristo encontramos la verdadera vida: una vida de propósito, misión y transformación. Como creyentes, estamos llamados a seguir a Cristo con todo lo que somos, confiando en que, a través de nuestra entrega, experimentaremos la plenitud de vida que Él promete.

Capítulo 2

Negarse a Sí Mismo: El Primer Paso

Introducción

Uno de los principios más desafiantes del discipulado cristiano es el llamado de Jesús a negarse a sí mismo. Este mandato, presentado en **Mateo 16:24** cuando Jesús declara: *"Si alguno quiere venir en pos de mí, niéguese a sí mismo, y tome su cruz, y sígame"*, es clave para entender lo que significa ser un verdadero seguidor de Cristo. Negarse a uno mismo va en contra de nuestra naturaleza humana y de los valores de una sociedad que nos enseña a buscar siempre lo mejor para nosotros mismos. Sin embargo, para quienes han decidido seguir a Cristo, esta negación no es solo un acto de renuncia, sino un paso hacia la verdadera libertad y la vida abundante que Jesús promete.

Negarse a sí mismo no es un concepto pasajero ni una sugerencia opcional; es el primer paso en el camino del discipulado. Sin esta negación, no podemos experimentar la vida que Cristo desea para nosotros, una vida en la que Él es el centro y nuestra voluntad está completamente sometida a la Suya. En este capítulo, exploraremos tres aspectos fundamentales de este llamado a negarse a sí mismo: primero, qué significa negarse a uno mismo según **Mateo 16:24**; segundo, cómo la cultura moderna contradice este principio; y tercero, testimonios bíblicos de personas que dejaron todo por seguir a Cristo.

La Negación Propia en Mateo 16:24

En Mateo 16:24, Jesús presenta una de las declaraciones más radicales de Su ministerio: ***"Si alguno quiere venir en pos de mí, niéguese a sí mismo, tome su cruz, y sígame".*** Este mandato desafía las expectativas de los seguidores de Jesús, quienes probablemente esperaban un Mesías que los liberara del dominio romano y les ofreciera una vida de prosperidad y poder. En lugar de eso, Jesús les habla de la necesidad de negarse a sí mismos y de tomar la cruz, un símbolo de muerte y sufrimiento. Este es el primer paso en el camino del discipulado, y sin él, no podemos seguir verdaderamente a Cristo.

Negarse a sí mismo, en el contexto de Mateo 16:24, significa renunciar a nuestras propias ambiciones, deseos y prioridades. No se trata solo de evitar ciertos pecados o de comportarse de manera moralmente correcta, sino de someter toda nuestra vida y voluntad a los planes de Dios. Es un llamado a poner los intereses de Cristo por encima de los nuestros y a vivir para Su gloria en lugar de la nuestra. Esto implica una disposición a sacrificar nuestras comodidades, sueños y aspiraciones personales por el bien del Reino de Dios.

La expresión "tomar su cruz" añade una dimensión aún más profunda al concepto de negación propia. En los tiempos de Jesús, la cruz era un símbolo de muerte, y llevar una cruz significaba estar camino a la ejecución. Al pedirnos que tomemos nuestra cruz, Jesús nos llama a estar dispuestos a morir a nuestro yo, a nuestros deseos y a nuestra voluntad. Este acto de tomar la cruz no es un sacrificio ocasional, sino un compromiso diario. En **Lucas 9:23**, Jesús añade que debemos tomar nuestra cruz "cada día", lo que indica que la negación propia es un proceso continuo y no un evento aislado.

Negarse a sí mismo también implica una vida de humildad y servicio. Jesús es el ejemplo supremo de esta actitud de negación propia. En **Filipenses 2:5-8**, Pablo describe cómo Jesús *"se despojó a sí mismo, tomando forma de siervo"*, y se humilló a sí mismo hasta la muerte en la cruz. Si queremos seguir a Cristo, debemos adoptar la misma actitud de humildad y servicio. Esto significa que no buscamos nuestra propia gloria, sino la gloria de Dios. No buscamos ser servidos, sino servir a los demás, tal como lo hizo Cristo.

La negación propia también es una forma de adoración. **Romanos 12:1** nos exhorta a *"presentar nuestros cuerpos en sacrificio vivo, santo, agradable a Dios"*, lo cual es nuestro "culto racional". Negarse a uno mismo es un acto de adoración en el que ofrecemos todo lo que somos a Dios como un sacrificio. Esto va mucho más allá de nuestras acciones externas; es una rendición total de nuestro ser a Dios, permitiéndole obrar en nosotros y a través de nosotros para Su propósito.

Finalmente, la negación propia nos libera de las cadenas del egoísmo y del materialismo que a menudo gobiernan nuestras vidas. En lugar de buscar nuestra propia satisfacción, encontramos nuestra plenitud en Cristo. Al morir a nosotros mismos, descubrimos la verdadera vida que Jesús prometió: *"Porque el que quiera salvar su vida, la perderá; y el que pierda su vida por causa de mí, la hallará"* (**Mateo 16:25**). Este es el gran misterio del Evangelio: al renunciar a nuestra vida, encontramos la vida verdadera en Cristo.

La Contradicción de la Cultura Moderna

El llamado de Jesús a negarse a uno mismo va completamente en contra de los valores de la cultura moderna. Vivimos en una sociedad que promueve el individualismo, el éxito personal y la gratificación instantánea. Desde una edad temprana, se nos enseña a "seguir nuestros sueños" y a "buscar lo mejor para nosotros mismos". Las redes sociales, la publicidad y los medios de comunicación nos bombardean constantemente con el mensaje de que debemos enfocarnos en nuestra propia felicidad y bienestar. Sin embargo, el Evangelio de Cristo presenta una narrativa completamente opuesta.

La cultura moderna nos dice que debemos "seguir nuestro corazón", pero la Biblia nos advierte que "engañoso es el corazón más que todas las cosas" (**Jeremías 17:9**). La idea de seguir nuestros propios deseos y emociones es peligrosamente errónea desde una perspectiva bíblica. El llamado de Cristo es a negarnos a nosotros mismos, lo cual significa que no debemos confiar en nuestros propios deseos, sino en la voluntad de Dios. Mientras la cultura promueve la autosuficiencia, el Evangelio nos llama a depender completamente de Cristo y a buscar Su dirección en todo lo que hacemos.

El materialismo es otro aspecto de la cultura moderna que contradice directamente el llamado de Cristo. En una sociedad que valora la acumulación de riquezas y posesiones, Jesús nos llama a desprendernos de todo lo que nos impide seguirle. En **Mateo 19:21**, Jesús le dice al joven rico: *"Si quieres ser perfecto, anda, vende lo que tienes, y dalo a los pobres, y tendrás tesoro en el cielo; y ven y sígueme".* La respuesta del joven, quien se fue triste porque tenía muchas posesiones, refleja la tensión entre los valores del mundo y el llamado radical de Cristo. Para muchos, el apego a las cosas materiales es un obstáculo que les impide seguir plenamente a Jesús.

Además, la cultura moderna nos enseña a evitar el sufrimiento a toda costa. La industria del entretenimiento y del bienestar está diseñada para proporcionar comodidad y placer instantáneo. Sin embargo, el llamado de Cristo a tomar nuestra cruz implica una disposición a sufrir por Su causa. En **1 Pedro 4:1**, se nos dice: *"Puesto que Cristo ha padecido por nosotros en la carne, vosotros también armaos del mismo pensamiento".* En lugar de evitar el sufrimiento, los seguidores de Cristo están llamados a abrazarlo como parte de su discipulado, sabiendo que a través del sufrimiento somos conformados a la imagen de Cristo.

Otro aspecto de la cultura moderna que entra en conflicto con el llamado de Cristo es la búsqueda de la autosuficiencia. Mientras que el mundo valora la independencia y la capacidad de resolver nuestros propios problemas, Jesús nos llama a una dependencia total en Dios. En **Juan 15:5**, Jesús declara: *"Separados de mí, nada podéis hacer".* La negación propia implica reconocer nuestra incapacidad de vivir conforme a los propósitos de Dios por nuestra cuenta. Necesitamos Su gracia y Su poder para vivir vidas que glorifiquen a Cristo. En lugar de confiar en nuestras propias fuerzas, estamos llamados a depender completamente del Espíritu Santo.

Finalmente, la cultura moderna valora la gratificación instantánea, mientras que el Evangelio nos llama a esperar pacientemente en el Señor. En un mundo que se mueve rápidamente y en el que se espera que las necesidades y deseos sean satisfechos de inmediato, Jesús nos llama a una vida de paciencia y espera en Su tiempo perfecto. **Santiago 1:3-4** nos recuerda que la paciencia es una virtud que se desarrolla a través de las pruebas. Al negarnos a nosotros mismos y esperar en Dios, desarrollamos una fe más profunda y una mayor dependencia en Su provisión.

Testimonios Bíblicos de Entrega Total

La Biblia está llena de ejemplos de hombres y mujeres que entendieron lo que significa negarse a sí mismos y seguir a Cristo con todo su corazón.

Uno de los ejemplos más claros es el apóstol Pablo. En **Filipenses 3:7-8**, Pablo escribe: *"Pero cuantas cosas eran para mí ganancia, las he estimado como pérdida por amor de Cristo; y ciertamente, aun estimo todas las cosas como pérdida por la excelencia del conocimiento de Cristo Jesús, mi Señor".* Pablo lo dejó todo —su estatus, su reputación, su seguridad— para seguir a Cristo. Para él, la negación propia no era solo un concepto teórico, sino una realidad vivida cada día.

Otro ejemplo de entrega total es Moisés. Aunque fue criado en la corte de Faraón, con todos los privilegios que eso implicaba, Moisés decidió identificarse con el pueblo de Dios y sufrir junto a ellos. En **Hebreos 11:24-26** se nos dice que *"por la fe Moisés, hecho ya grande, rehusó llamarse hijo de la hija de Faraón".* Moisés renunció a las riquezas de Egipto porque sabía que había un propósito mucho mayor para su vida. Este es un ejemplo poderoso de cómo la negación propia no solo se trata de abandonar cosas materiales, sino también de abrazar el llamado de Dios, incluso cuando eso implique sufrimiento y sacrificio.

En el Nuevo Testamento, encontramos la vida de Esteban, el primer mártir cristiano. En **Hechos 7** vemos cómo Esteban predicó con valentía, sin temor a las consecuencias, y fue apedreado por su testimonio. Incluso en sus últimos momentos, Esteban mostró una actitud de entrega y compasión, orando por aquellos que lo estaban matando: *"Señor, no les tomes en cuenta este pecado"* (**Hechos 7:60**). La vida de Esteban refleja la verdadera esencia de la negación propia: estar dispuesto a entregar todo, incluso la vida misma, por la causa de Cristo.

El profeta Jeremías también es un ejemplo de alguien que vivió una vida de negación propia. A pesar de su juventud y de las dificultades que enfrentó, Jeremías aceptó el llamado de Dios para ser Su portavoz en medio de una nación rebelde. A lo largo de su ministerio, Jeremías sufrió persecución, rechazo y aislamiento, pero nunca se apartó del llamado de Dios. En **Jeremías 20:9**, él declara: *"Pero si digo: No lo mencionaré más ni hablaré más en su nombre, entonces hay en mi corazón como un fuego ardiente metido en mis huesos"*. La vida de Jeremías nos enseña que la negación propia a menudo implica soportar el sufrimiento por el bien del Reino de Dios.

En el Antiguo Testamento también encontramos el ejemplo de Abraham, quien fue llamado a dejar su tierra y su parentela para seguir el plan de Dios. En **Génesis 12:1**, Dios le dice a Abraham: *"Vete de tu tierra, de tu parentela y de la casa de tu padre, a la tierra que te mostraré"*. Abraham obedeció sin saber a dónde iba, confiando en la promesa de Dios. Su vida es un testimonio de lo que significa negarse a sí mismo y confiar plenamente en Dios. Abraham estuvo dispuesto a sacrificar incluso a su hijo Isaac, demostrando una fe inquebrantable en el propósito de Dios.

Finalmente, el mayor ejemplo de negación propia es Jesús mismo. En **Filipenses 2:6-8** se nos dice que Jesús, *"siendo en forma de Dios, no estimó el ser igual a Dios como cosa a qué aferrarse, sino que se despojó a sí mismo, tomando forma de siervo, hecho semejante a los hombres"*. Jesús se humilló a sí mismo hasta el punto de morir en la cruz por nuestros pecados. Su vida y muerte son el ejemplo supremo de lo que significa negarse a uno mismo. Si queremos seguir a Jesús, debemos estar dispuestos a caminar por el mismo camino de humildad, servicio y sacrificio.

Conclusión

Negarse a sí mismo es el primer paso en el camino del discipulado. Este llamado de Jesús en Mateo 16:24 desafía nuestra naturaleza humana y los valores de la cultura moderna, pero es esencial para vivir una vida plena en Cristo. A través de la negación propia, somos liberados de las cadenas del egoísmo, el materialismo y la autosuficiencia, y somos transformados en siervos humildes y fieles del Reino de Dios. Al igual que Pablo, Moisés, Esteban, Jeremías, Abraham y Jesús, estamos llamados a vivir vidas de entrega total, confiando en que la recompensa eterna supera con creces cualquier sacrificio temporal.

Responder al llamado de Jesús a negarse a uno mismo no es fácil, pero es el único camino hacia la verdadera vida que Él promete. Al abrazar este llamado, descubrimos que al perder nuestra vida por causa de Cristo, encontramos la vida abundante que solo Él puede ofrecer. Como discípulos de Cristo, estamos llamados a vivir de manera contracultural, siguiendo Su ejemplo de humildad, servicio y sacrificio, mientras participamos activamente en la misión de extender Su Reino en la tierra.

Capítulo 3

Cargar la Cruz: Una Vida de Renuncia

Introducción

Uno de los símbolos más potentes del cristianismo es la cruz. No solo sirve como recordatorio del sacrificio de Jesús, sino también como una señal del llamado radical que Él extiende a todos sus seguidores. En Mateo 16:24, Jesús declara: *"Si alguno quiere venir en pos de mí, niéguese a sí mismo, y tome su cruz, y sígame"*. Este mandato es central para la vida cristiana y no debe interpretarse como un simple acto simbólico o una expresión figurativa. Jesús está llamando a sus discípulos a una vida de sacrificio, donde cargar la cruz significa estar dispuestos a enfrentar sufrimiento, persecución y renunciar a las cosas que el mundo valora, en favor de una vida centrada en Él.

Cargar la cruz no es un acto ocasional, sino un compromiso diario. En **Lucas 9:23**, Jesús enfatiza que debemos tomar nuestra cruz "cada día", lo cual implica una constante rendición a la voluntad de Dios. Este principio de cargar la cruz es la esencia de una vida de renuncia, donde cada aspecto de nuestra existencia está alineado con los propósitos de Dios. En este capítulo, exploraremos tres aspectos de lo que significa cargar la cruz: primero, el simbolismo de la cruz en la vida del creyente; segundo, las implicaciones prácticas de "cargar la cruz" en nuestra cotidianidad; y tercero, ejemplos bíblicos de personas que vivieron este principio.

El Simbolismo de la Cruz en la Vida del Creyente

En la época de Jesús, la cruz era un símbolo de muerte y humillación. Era el instrumento utilizado por los romanos para ejecutar a los criminales de la manera más vergonzosa posible. Cuando Jesús habló de tomar la cruz, sus oyentes entendieron que Él estaba hablando de una disposición a sufrir y morir. En el contexto cristiano, la cruz simboliza mucho más que una forma de ejecución. Representa el sacrificio máximo de Jesús por nuestros pecados, pero también es un llamado a cada uno de nosotros a morir al "yo" para vivir para Dios. Este llamado a tomar nuestra cruz es, en esencia, una invitación a renunciar a nuestra vida anterior para abrazar una nueva vida en Cristo.

Cargar la cruz también simboliza la entrega completa a la voluntad de Dios. En **Filipenses 2:8**, se nos dice que Jesús *"se humilló a sí mismo, haciéndose obediente hasta la muerte, y muerte de cruz"*. Al tomar nuestra cruz, imitamos la actitud de Cristo, quien se rindió completamente al plan del Padre. Esto significa que debemos estar dispuestos a renunciar a nuestros propios planes y deseos para seguir el camino que Dios ha trazado para nosotros. Este acto de rendición no es una señal de debilidad, sino de confianza total en la sabiduría y el amor de Dios.

Además, el simbolismo de la cruz implica sufrimiento y persecución. En **Juan 15:20**, Jesús advierte a sus discípulos: *"Si a mí me han perseguido, también a vosotros os perseguirán"*. Cargar la cruz no es una invitación a una vida de comodidad y éxito terrenal, sino una preparación para enfrentar oposición y dificultades por causa de Cristo. A lo largo de la historia, los cristianos han comprendido que seguir a Jesús a menudo implica ser rechazados por el mundo. La cruz, entonces, se convierte en un recordatorio de que, aunque enfrentamos sufrimientos temporales, nuestras vidas están enraizadas en una esperanza eterna.

La cruz también simboliza el rechazo al pecado. En **Romanos 6:6**, Pablo escribe: *"Sabiendo esto, que nuestro viejo hombre fue crucificado juntamente con él, para que el cuerpo del pecado sea destruido, a fin de que no sirvamos más al pecado"*. Tomar nuestra cruz significa que hemos muerto al poder del pecado en nuestras vidas. Ya no estamos esclavizados por nuestros deseos pecaminosos, sino que vivimos en la libertad que Cristo nos ha dado. Esto no significa que no enfrentemos tentaciones, pero sí que tenemos el poder, a través de la cruz, de resistir al pecado y vivir en santidad.

Finalmente, cargar la cruz también es un acto de identidad. Al tomar nuestra cruz, nos identificamos con Cristo en Su muerte y resurrección. En **Gálatas 2:20**, Pablo escribe: *"Con Cristo estoy juntamente crucificado, y ya no vivo yo, más vive Cristo en mí"*. Este acto de identificación con Cristo implica que nuestra vida ya no nos pertenece. Hemos sido comprados por un precio y ahora vivimos para la gloria de Dios. La cruz, entonces, no es solo un símbolo de sacrificio, sino un recordatorio de nuestra nueva identidad como hijos de Dios y herederos de Su Reino.

Las Implicaciones Prácticas de "Cargar la Cruz" en el Día a Día

Cargar la cruz no es simplemente un concepto teológico, sino una realidad práctica que afecta cada aspecto de nuestra vida cotidiana. A menudo pensamos en este acto como algo reservado para situaciones extremas, pero la verdad es que estamos llamados a cargar nuestra cruz diariamente en las decisiones y acciones más pequeñas de la vida. Jesús no dijo que tomáramos nuestra cruz solo en momentos de crisis, sino "cada día" (**Lucas 9:23**). Esto significa que el discipulado y la vida de renuncia son parte de nuestra rutina diaria, influyendo en cómo vivimos, pensamos y actuamos.

Una de las formas más claras de cargar nuestra cruz diariamente es a través de nuestras relaciones con los demás. En **Filipenses 2:3-4**, se nos exhorta: *"Nada hagáis por contienda o por vanagloria; antes bien con humildad, estimando cada uno a los demás como superiores a él mismo; no mirando cada uno por lo suyo propio, sino cada cual también por lo de los otros".* Cargar la cruz significa renunciar al egoísmo y al orgullo, colocando los intereses de los demás por encima de los nuestros. Esto puede ser un desafío, especialmente en una cultura que valora el individualismo, pero es un componente esencial del discipulado cristiano.

Además, cargar la cruz afecta nuestras prioridades y cómo administramos nuestro tiempo y recursos. Jesús nos llama a buscar primero el Reino de Dios (**Mateo 6:33**), lo que implica que todas nuestras decisiones deben estar alineadas con Sus propósitos. Esto significa que el uso de nuestro dinero, tiempo y habilidades debe reflejar nuestro compromiso con Cristo. Con frecuencia, esto implica renunciar a nuestros propios deseos y comodidades para servir a los demás y avanzar en el Reino de Dios. Cargar la cruz es una invitación a una vida de sacrificio, en la que nuestras prioridades están en sintonía con los valores del Evangelio.

Otra Implicación Práctica de Cargar la Cruz es la disposición a sufrir por el Evangelio. En **2 Timoteo 3:12**, Pablo advierte: *"Y también todos los que quieren vivir piadosamente en Cristo Jesús padecerán persecución"*. Aunque no todos los cristianos enfrentan persecución física, todos estamos llamados a soportar dificultades por causa de nuestra fe. Esto puede manifestarse en forma de rechazo, aislamiento o burla en nuestros círculos sociales, lugares de trabajo o incluso dentro de nuestras propias familias. Cargar la cruz significa estar dispuestos a soportar estas pruebas, sabiendo que nuestro sufrimiento no es en vano, sino que produce perseverancia y carácter (**Romanos 5:3-4**).

Además, cargar la cruz implica vivir una vida de integridad y santidad en un mundo que frecuentemente promueve el pecado y la inmoralidad. En **1 Pedro 1:15-16**, se nos dice: *"Sed santos en toda vuestra manera de vivir; porque escrito está: Sed santos, porque yo soy santo"*. Cargar la cruz significa comprometerse a vivir de acuerdo con los estándares de Dios, no con los del mundo. Esto puede requerir renunciar a comportamientos, hábitos o relaciones que no glorifican a Dios. Es un llamado a la pureza, tanto en nuestras acciones como en nuestros pensamientos y motivaciones.

Cargar la cruz también nos llama a vivir en humildad. En un mundo que valora la autosuficiencia y el éxito personal, Jesús nos exhorta a adoptar una actitud de humildad, reconociendo que todo lo que tenemos proviene de Dios. En **Santiago 4:10**, leemos: *"Humillaos delante del Señor, y él os exaltará"*. La humildad no es solo una actitud interna, sino que se refleja en nuestras acciones diarias. Cargar la cruz significa reconocer nuestra necesidad constante de la gracia de Dios y depender completamente de Él para nuestra fortaleza y dirección.

Finalmente, cargar la cruz significa vivir con una perspectiva eterna. En lugar de enfocarnos en las cosas temporales de este mundo, somos llamados a llevar nuestra cruz con la mirada puesta en las recompensas eternas que Dios ha prometido. En **2 Corintios 4:17-18**, Pablo escribe: *"Porque esta leve tribulación momentánea produce en nosotros un cada vez más excelente y eterno peso de gloria; no mirando nosotros las cosas que se ven, sino las que no se ven".* Al cargar nuestra cruz, recordamos que nuestro sufrimiento actual es temporal y que la gloria que nos espera en Cristo es infinitamente mayor que cualquier cosa que este mundo pueda ofrecer.

Ejemplos de Personas que Han Vivido Este Principio

A lo largo de la Biblia, encontramos numerosos ejemplos de personas que vivieron el principio de cargar su cruz y renunciar a todo por seguir a Dios.

Uno de los ejemplos más notables es el apóstol Pedro. Después de haber negado a Jesús tres veces, Pedro fue restaurado por Cristo y dedicó el resto de su vida a predicar el Evangelio. En **Hechos 4:19-20**, vemos la valentía de Pedro cuando, junto a Juan, fue arrestado por predicar en el nombre de Jesús. A pesar de las amenazas de las autoridades, Pedro respondió: *"Juzgad si es justo delante de Dios obedecer a vosotros antes que a Dios; porque no podemos dejar de decir lo que hemos visto y oído".* Pedro comprendió que cargar su cruz significaba estar dispuesto a sufrir persecución y, eventualmente, morir por su fe en Cristo.

Otro ejemplo poderoso es el de Pablo, quien renunció a su estatus y privilegios como fariseo para seguir a Cristo. En **Filipenses 3:7-8**, Pablo escribe: *"Pero cuantas cosas* *eran para mí ganancia, las he estimado como pérdida por amor de Cristo".* Pablo vivió una vida de renuncia total, viajando por todo el Imperio Romano para predicar el Evangelio, enfrentando encarcelamientos, azotes y naufragios. A lo largo de su ministerio, Pablo experimentó el costo de cargar su cruz, pero también entendió que las recompensas eternas superaban con creces cualquier sufrimiento terrenal.

En el Antiguo Testamento, encontramos la historia de Abraham, quien fue llamado a sacrificar a su hijo Isaac como una prueba de su fe. En **Génesis 22**, vemos cómo Abraham, en obediencia a Dios, estuvo dispuesto a renunciar a lo que más amaba. Aunque Dios detuvo a Abraham antes de que sacrificara a Isaac, su disposición a obedecer muestra lo que significa cargar la cruz. Abraham confió plenamente en Dios, incluso cuando el mandato parecía ir en contra de sus propias esperanzas y deseos. Este acto de fe y obediencia es un ejemplo poderoso de lo que significa renunciar a todo por seguir a Dios.

Otro ejemplo en el Nuevo Testamento es Esteban, el primer mártir cristiano. En **Hechos 7**, vemos cómo Esteban predicó con valentía acerca de Cristo, aun sabiendo que esto le costaría la vida. Mientras era apedreado, Esteban oró: *"Señor, no les tomes en cuenta este pecado"* (**Hechos 7:60**). Su disposición a morir por su fe y su actitud de perdón hacia sus asesinos son un ejemplo extraordinario de lo que significa cargar la cruz. Esteban entendió que seguir a Cristo implicaba estar dispuesto a renunciar incluso a su vida por causa del Evangelio.

Jeremías es otro ejemplo poderoso de lo que significa cargar la cruz y vivir una vida de entrega. Conocido como el "profeta llorón", el ministerio de Jeremías estuvo marcado por un profundo sufrimiento personal, rechazo y persecución. Fue burlado, golpeado y arrojado a una cisterna por proclamar el mensaje de Dios. Sin embargo, a pesar de las dificultades, Jeremías permaneció fiel a su llamado. En **Jeremías 20:9**, confiesa que, incluso cuando quería dejar de hablar las palabras de Dios, estas eran como un fuego en sus huesos, imposible de contener. Su vida nos enseña que cargar la cruz a menudo implica soportar el dolor y el rechazo por obedecer a Dios.

Finalmente, Jesús mismo es el ejemplo supremo de lo que significa cargar la cruz. En **Hebreos 12:2**, se nos dice que Jesús, *"por el gozo puesto delante de él, sufrió la cruz, menospreciando el oprobio"*. Jesús no solo nos llamó a cargar nuestras cruces; Él mismo cargó la cruz por nosotros, soportando el sufrimiento y la muerte para que pudiéramos tener vida eterna. Su sacrificio es el modelo que debemos seguir, sabiendo que, aunque el camino de la cruz es difícil, es el único camino que conduce a la vida verdadera.

Conclusión

Cargar la cruz no es simplemente una metáfora; es un llamado a una vida de renuncia, sacrificio y entrega total a Cristo. A través de la cruz, aprendemos que la verdadera victoria y el verdadero propósito no se encuentran en la búsqueda de la comodidad o el éxito terrenal, sino en la disposición a renunciar a todo por seguir a Cristo. Desde el simbolismo de la cruz hasta las implicaciones prácticas de cargarla diariamente, somos llamados a vivir vidas que reflejen el sacrificio de Jesús y el poder transformador de Su resurrección.

Seguir a Cristo no es un camino fácil, pero es el único camino que lleva a la vida eterna. A través de los ejemplos bíblicos y la historia de la iglesia, vemos que aquellos que han cargado su cruz con fidelidad han experimentado la gloria de Dios de una manera profunda. Como discípulos de Jesús, estamos llamados a tomar nuestra cruz cada día, confiando en que, aunque el camino sea difícil, las recompensas eternas superan con creces cualquier sacrificio temporal. Al cargar nuestra cruz, encontramos la vida verdadera y el propósito eterno en Cristo.

Capítulo 4

El Costo del Compromiso

Introducción

Uno de los aspectos más importantes del discipulado cristiano es el compromiso total con Cristo. El llamado a seguir a Jesús no puede tomarse a la ligera ni abordarse de manera superficial. Jesús, en varias ocasiones, dejó claro que el costo de seguirle es alto e implica renuncias, sacrificios y una entrega total. En **Lucas 14:27-28,** Jesús dijo: *"Y el que no lleva su cruz y viene en pos de mí, no puede ser mi discípulo. Porque ¿quién de vosotros, queriendo edificar una torre, no se sienta primero y calcula los gastos, a ver si tiene lo que necesita para acabarla?".* Con estas palabras, Jesús nos enseña que seguirle requiere un compromiso serio y meditado.

El costo del compromiso con Cristo es un tema que a menudo no se discute lo suficiente en las iglesias modernas. Vivimos en una cultura que valora la comodidad, el éxito rápido y los beneficios inmediatos. Sin embargo, el Evangelio de Cristo nos llama a algo mucho más profundo: una vida entregada completamente a Su causa, aun cuando eso implique perder las cosas que el mundo considera valiosas. En este capítulo, exploraremos tres aspectos del costo del compromiso: primero, el precio de seguir a Cristo en un mundo que está en contra de Sus principios; segundo, las historias de mártires y cristianos que han pagado con sus vidas o posesiones por seguir a Cristo; y tercero, cómo podemos mantenernos fieles bajo presión en nuestras vidas hoy.

El Precio de Seguir a Cristo en un Mundo en Contra

Seguir a Cristo en un mundo que está en contra de Sus principios no es una tarea fácil. Desde el inicio del ministerio de Jesús, quedó claro que el Reino de Dios desafía los valores del mundo. En **Juan 15:18-19**, Jesús advirtió a sus discípulos: *"Si el mundo os aborrece, sabed que a mí me ha aborrecido antes que a vosotros. Si fuerais del mundo, el mundo amaría lo suyo; pero porque no sois del mundo, antes yo os elegí del mundo, por eso el mundo os aborrece"*. Como cristianos, estamos llamados a vivir de manera contracultural, rechazando las tentaciones de conformarnos a los patrones de este mundo. Esto, inevitablemente, nos lleva a enfrentar oposición, rechazo y, en algunos casos, persecución.

El precio de seguir a Cristo en un mundo que se opone a Él puede manifestarse de muchas maneras. A nivel personal, puede implicar perder amistades o relaciones debido a nuestras convicciones y estilo de vida. A nivel social, puede significar enfrentar burlas, críticas o discriminación por causa de nuestra fe. En algunos contextos más extremos, seguir a Cristo puede llevar a la persecución directa, como el encarcelamiento o incluso la muerte. En **2**

Timoteo 3:12, Pablo advierte: *"Y también todos los que quieren vivir piadosamente en Cristo Jesús padecerán persecución"*. El discipulado cristiano no es una vía fácil; es un llamado a enfrentar las dificultades por causa del Evangelio.

El compromiso con Cristo también implica la necesidad de renunciar a los valores y deseos de este mundo. En **Mateo 6:19-20**, Jesús enseña: *"No os hagáis tesoros en la tierra, donde la polilla y el orín corrompen, y donde ladrones minan y hurtan; sino haceos tesoros en el cielo"*. Como seguidores de Cristo, estamos llamados a invertir nuestras vidas en lo eterno, en lugar de buscar la gratificación temporal que este mundo ofrece. Esto puede significar sacrificar ambiciones personales, deseos de éxito o comodidades, sabiendo que las recompensas eternas son infinitamente mayores que cualquier cosa que podamos obtener en esta vida.

En algunos casos, seguir a Cristo significa soportar la incomprensión e incluso el odio de quienes no entienden nuestro compromiso con el Reino de Dios. En **Mateo 10:22**, Jesús dijo: *"Y seréis aborrecidos de todos por causa de mi nombre"*. Este es un recordatorio de que el Evangelio de Cristo, aunque es un mensaje de amor y esperanza, a menudo es rechazado por quienes no están dispuestos a someterse a la autoridad de Dios. Como creyentes, debemos enfrentar esta oposición con paciencia, humildad y perseverancia, confiando en que Dios nos sostendrá en medio de las pruebas.

Otro aspecto del costo de seguir a Cristo es la renuncia a nuestras propias voluntades y deseos. En **Marcos 8:34**, Jesús dijo: *"Si alguno quiere venir en pos de mí, niéguese a sí mismo, y tome su cruz, y sígame"*. Este es un llamado a morir a nosotros mismos, a nuestras ambiciones egoístas, y a vivir para Cristo. Esto no significa que no tengamos deseos o metas personales, sino que nuestras vidas están completamente entregadas a la voluntad de Dios.

Finalmente, el precio de seguir a Cristo incluye la disposición a ser testigos del Evangelio, incluso cuando eso implique riesgos personales. En **Hechos 1:8**, Jesús dijo: *"Pero recibiréis poder, cuando haya venido sobre vosotros el Espíritu Santo, y me seréis testigos en Jerusalén, en toda Judea, en Samaria, y hasta lo último de la tierra".* Ser testigos de Cristo no es fácil, especialmente en un mundo que se opone al mensaje del Evangelio. Sin embargo, estamos llamados a ser luces en medio de las tinieblas, proclamando la verdad de Cristo con valentía y fidelidad, sabiendo que nuestro testimonio puede tener un impacto eterno en las vidas de quienes nos rodean.

Historias de mártires y cristianos que han pagado el precio

A lo largo de la historia de la iglesia, ha habido innumerables cristianos que han pagado el precio máximo por seguir a Cristo. Estos mártires y testigos fieles son ejemplos poderosos de lo que significa comprometerse con el Evangelio hasta el final.

Un mártir notable es Richard Wurmbrand, un pastor luterano rumano que fue arrestado y encarcelado por su fe durante el régimen comunista en Rumania. Wurmbrand fue brutalmente torturado durante 14 años por predicar el Evangelio y por no renunciar a Cristo. A pesar del sufrimiento físico y emocional, se mantuvo firme en su fe, testificando a sus captores y otros prisioneros sobre el amor y la gracia de Dios. Su vida es un poderoso ejemplo contemporáneo de lo que significa pagar el precio del compromiso con Cristo en un mundo hostil. Su testimonio ha inspirado a millones de personas en todo el mundo a perseverar en medio de la persecución.

En tiempos más recientes, durante la Segunda Guerra Mundial, el pastor y teólogo Dietrich Bonhoeffer se destacó como un testigo valiente del Evangelio. Bonhoeffer fue un feroz opositor del régimen nazi y abogó por la resistencia activa contra la tiranía. Fue arrestado y, finalmente, ejecutado por su participación en una conspiración para derrocar a Hitler. En su libro El Costo del Discipulado, Bonhoeffer escribió: "Cuando Cristo llama a un hombre, le manda a venir y morir". Su vida y su muerte son un recordatorio del alto costo de seguir a Cristo en un mundo que está en contra de Sus principios.

La historia de Jim Elliot es otro ejemplo moderno y profundo del costo del compromiso con Cristo. Elliot, junto con otros cuatro misioneros, viajó a Ecuador para compartir el Evangelio con la tribu Huaorani, un grupo conocido por su violencia y aislamiento. A pesar de los riesgos, Elliot creía que el llamado de Dios valía cualquier sacrificio. En 1956, él y sus compañeros fueron asesinados por las mismas personas a las que buscaban alcanzar. Las famosas palabras de Elliot, "No es tonto el que da lo que no puede retener para ganar lo que no puede perder", encapsulan su profundo entendimiento de las prioridades eternas. Su vida y muerte continúan inspirando a innumerables creyentes a darlo todo por el Evangelio, recordándonos que el verdadero compromiso a menudo requiere el sacrificio máximo.

Los mártires cristianos no son solo figuras históricas del pasado; en muchos lugares del mundo hoy en día, los creyentes siguen pagando el precio por su fe. En países donde el cristianismo es ilegal o fuertemente perseguido, miles de cristianos enfrentan diariamente la amenaza de encarcelamiento, tortura e incluso ejecución. Sin embargo, estos creyentes permanecen fieles a Cristo, sabiendo que ***"si sufrimos, también reinaremos con él"*** (**2 Timoteo 2:12**). Sus historias nos desafían a considerar si estamos dispuestos a pagar el mismo precio por nuestra fe, sabiendo que las recompensas eternas superan cualquier sufrimiento temporal.

En muchos casos, los cristianos que han pagado el precio por su fe lo han hecho no solo con sus vidas, sino también con sus posesiones y estatus social. En **Hebreos 10:34**, se nos dice que los primeros cristianos *"aceptaron con gozo el despojo de sus bienes, sabiendo que tenéis en vosotros una mejor y perdurable herencia en los cielos"*. Estos creyentes entendieron que las cosas materiales de este mundo son pasajeras, y estaban dispuestos a renunciar a todo por la causa de Cristo. Su ejemplo nos desafía a evaluar nuestras propias prioridades y a considerar si estamos dispuestos a renunciar a nuestras comodidades y posesiones por el Reino de Dios.

Finalmente, los mártires y testigos fieles nos muestran que el costo del compromiso no es algo que debemos temer, sino algo que debemos abrazar con gozo. En **Hechos 5:41**, después de ser azotados por predicar a Cristo, los apóstoles *"salieron de la presencia del concilio, gozosos de haber sido tenidos por dignos de padecer afrenta por causa del Nombre"*. El gozo de sufrir por Cristo es un misterio que solo aquellos que han experimentado la profundidad de Su amor pueden comprender. Estos mártires y testigos fieles nos inspiran a vivir con la misma disposición a sufrir, sabiendo que, al final, nuestra recompensa está en el cielo.

Cómo Mantenerse Fiel Bajo Presión

Una de las preguntas más importantes que enfrentamos como cristianos es cómo mantenernos fieles bajo presión. En un mundo que se opone a los principios del Evangelio, es fácil ceder a la tentación de conformarse a las expectativas de la sociedad o comprometer nuestra fe para evitar el rechazo o la persecución. Sin embargo, Jesús nos llama a perseverar hasta el final. En **Mateo 24:13**, Jesús dijo: **"Mas el que persevere hasta el fin, éste será salvo"**. La fidelidad en medio de las pruebas no es opcional para el creyente; es una marca distintiva de aquellos que verdaderamente siguen a Cristo.

1. Una vida de oración constante

Una de las claves para mantenernos fieles bajo presión es mantener una vida de oración constante. En **Mateo 26:41**, Jesús advirtió a Sus discípulos: *"Velad y orad, para que no entréis en tentación"*. La oración no solo nos fortalece espiritualmente, sino que también nos ayuda a mantenernos enfocados en Dios, incluso cuando enfrentamos pruebas. A través de la oración, renovamos nuestra dependencia de Dios y encontramos la fuerza necesaria para perseverar. Los cristianos que han mantenido su fidelidad en medio de la persecución a menudo han sido personas de profunda oración, confiando en que Dios les sostendría en sus momentos más oscuros.

2. Recordar las promesas de Dios

Otra forma de mantenernos fieles bajo presión es recordar las promesas de Dios. En **Juan 16:33**, Jesús dijo: *"En el mundo tendréis aflicción; pero confiad, yo he vencido al mundo"*. Esta promesa nos asegura que, aunque enfrentemos dificultades y oposición, Cristo ya ha triunfado sobre el pecado, la muerte y las fuerzas del mal. Mantener nuestra mirada en las promesas de Dios nos da esperanza y fortaleza para seguir adelante, sabiendo que nuestras pruebas son temporales y que la victoria final está asegurada en Cristo.

3. Apoyo de la comunidad cristiana

La comunidad cristiana también es esencial para mantenerse fiel bajo presión. En **Hebreos 10:24-25**, se nos exhorta a *"considerarnos unos a otros para estimularnos al amor y a las buenas obras; no dejando de congregarnos, como algunos tienen por costumbre, sino exhortándonos unos a otros"*. La vida cristiana no fue diseñada para ser vivida en aislamiento. Cuando enfrentamos presión o persecución, es vital que nos apoyemos en la comunidad de fe. A través de la comunión con otros creyentes, encontramos ánimo, apoyo y fortaleza para perseverar. La iglesia es un refugio en medio de la tormenta, y es allí donde podemos ser edificados y fortalecidos en nuestra fe.

4. Confiar en la soberanía de Dios

Mantenernos fieles bajo presión también requiere una confianza absoluta en la soberanía de Dios. En **Romanos 8:28**, se nos asegura que *"a los que aman a Dios, todas las cosas les ayudan a bien"*. Esta promesa nos recuerda que, incluso cuando enfrentamos pruebas, Dios está obrando para nuestro bien y para Su gloria. Confiar en la soberanía de Dios nos da paz y seguridad, sabiendo que Él tiene el control y que todo ocurre según Su perfecto plan.

5. Tener una visión eterna

Finalmente, una forma clave de mantenernos fieles bajo presión es tener una visión eterna. En **Colosenses 3:1-2**, se nos exhorta a *"buscar las cosas de arriba, donde está Cristo sentado a la diestra de Dios. Poned la mira en las cosas de arriba, no en las de la tierra"*. Saber que este mundo es temporal y que nuestra verdadera recompensa está en el cielo nos ayuda a soportar cualquier prueba. Al mantener nuestra mirada en Cristo y en las recompensas eternas, podemos enfrentar con valentía las dificultades presentes, sabiendo que lo que nos espera en la eternidad supera infinitamente cualquier sufrimiento temporal.

Conclusión

El costo del compromiso con Cristo es alto, pero las recompensas eternas superan cualquier sacrificio que podamos hacer en esta vida. A lo largo de la historia, cristianos fieles han pagado con sus vidas, posesiones y estatus social por seguir a Jesús, y sus testimonios nos inspiran a vivir con la misma disposición a sufrir por causa del Evangelio.

En un mundo que se opone a los principios de Cristo, estamos llamados a mantenernos fieles, sabiendo que, aunque enfrentemos pruebas y persecuciones, nuestra recompensa está en los cielos. Seguir a Cristo no es fácil, pero es el único camino que conduce a la vida eterna. A medida que enfrentamos los desafíos y las presiones de este mundo, debemos recordar que el compromiso con Cristo requiere perseverancia, oración, comunidad y una visión eterna. Al vivir de acuerdo con estos principios, podemos mantenernos firmes en nuestra fe, confiando en que Dios nos sostendrá y nos recompensará por nuestra fidelidad. El costo del compromiso es alto, pero el gozo de seguir a Cristo es infinitamente mayor.

Capítulo 5

El Sacrificio de la Voluntad Propia

Introducción

El sacrificio de la voluntad propia es uno de los desafíos más profundos que enfrenta cualquier creyente en su caminar con Cristo. A menudo, nuestras decisiones y deseos están influenciados por nuestras emociones, intereses personales y las presiones del mundo. Sin embargo, seguir a Cristo significa entregar nuestra voluntad, sometiendo nuestras decisiones y deseos al señorío de Jesús. Este proceso de rendición no es fácil, ya que implica una batalla interna entre lo que queremos y lo que Dios quiere para nuestras vidas. En **Mateo 26:39**, Jesús, en el huerto de Getsemaní, oró diciendo: *"Padre mío, si es posible, pase de mí esta copa; pero no sea como yo quiero, sino como tú"*. Esta oración de Jesús es un poderoso ejemplo de lo que significa sacrificar nuestra voluntad propia y someterla a la voluntad de Dios.

El sacrificio de la voluntad no es una decisión que se toma una sola vez, sino un proceso continuo que define la vida cristiana. En cada circunstancia, grande o pequeña, somos llamados a preguntarnos si nuestras acciones y deseos están alineados con los propósitos de Dios. En este capítulo, exploraremos tres aspectos clave de lo que significa sacrificar la voluntad propia: primero, cómo aprender a someter nuestra voluntad a la de Dios; segundo, la lucha interna de Jesús en Getsemaní como el ejemplo supremo de rendición; y tercero, las historias de personas que renunciaron a sus propios planes para seguir la voluntad de Dios.

Cómo Aprender a Someter Nuestra Voluntad a la de Dios

Someter nuestra voluntad a la de Dios es un acto de humildad y obediencia que requiere una transformación profunda en nuestro corazón. La mayoría de nosotros estamos acostumbrados a tomar decisiones basadas en lo que nos parece correcto o en lo que más nos beneficia. Sin embargo, cuando decidimos seguir a Cristo, se nos pide que dejemos de confiar en nuestro propio entendimiento y, en su lugar, confiemos completamente en la dirección de Dios. **Proverbios 3:5-6** nos exhorta: *"Fíate de Jehová de todo tu corazón, y no te apoyes en tu propia prudencia. Reconócelo en todos tus caminos, y él enderezará tus veredas".* Este pasaje nos recuerda que nuestra voluntad debe ser subordinada a la sabiduría y el plan de Dios.

El primer paso para aprender a someter nuestra voluntad es reconocer que Dios sabe lo que es mejor para nuestras vidas, incluso cuando no lo entendemos completamente. **Romanos 12:2** nos dice: *"No os conforméis a este siglo, sino transformaos por medio de la renovación de vuestro entendimiento, para que comprobéis cuál sea la buena voluntad de Dios, agradable y perfecta".* A medida que permitimos que el Espíritu Santo transforme nuestra manera de pensar, empezamos a ver el mundo y nuestras decisiones desde la perspectiva de Dios. Aprender a someter nuestra voluntad implica permitir que Dios transforme nuestro corazón y nuestra mente para que nuestras decisiones reflejen Su plan y no nuestras preferencias.

Otro paso importante para someter nuestra voluntad es la oración. La oración es el medio por el cual nos alineamos con los propósitos de Dios y buscamos Su guía en nuestras decisiones. Jesús nos enseñó a orar en el Padre Nuestro: *"Hágase tu voluntad, como en el cielo, así también en la tierra"* **(Mateo 6:10)**. Este es un recordatorio de que nuestra voluntad debe estar sujeta a la voluntad de Dios en todo momento. A través de la oración, no solo presentamos nuestras peticiones a Dios, sino que también buscamos Su dirección y fortaleza para hacer lo que Él desea. La oración es una herramienta poderosa para rendirnos a la voluntad de Dios y para discernir Su propósito en nuestras vidas.

Someter nuestra voluntad a la de Dios también requiere fe. A menudo, Dios nos llama a hacer cosas que no tienen sentido desde una perspectiva humana o que parecen desafiantes. En **Hebreos 11:8**, se nos habla de la fe de Abraham, quien obedeció el llamado de Dios para ir a un lugar que no conocía, confiando plenamente en la promesa de Dios. Esta fe activa es esencial para someter nuestra voluntad a Dios, ya que muchas veces no veremos el resultado de nuestras decisiones inmediatamente. Sin embargo, confiamos en que Dios está obrando para nuestro bien y para Su gloria. La fe nos da la capacidad de seguir adelante con confianza, incluso cuando no entendemos completamente el plan de Dios.

El sacrificio de la voluntad también implica estar dispuestos a renunciar a nuestros propios deseos y metas cuando no están alineados con el plan de Dios. En **Lucas 9:23**, Jesús nos dice: *"Si alguno quiere venir en pos de mí, niéguese a sí mismo, tome su cruz cada día, y sígame"*. Este llamado a negarse a uno mismo es una invitación a entregar nuestra vida y nuestros deseos a Dios, confiando en que Sus planes son mejores que los nuestros. Negarnos a nosotros mismos es un acto de rendición diaria, donde decidimos que la voluntad de Dios tiene prioridad sobre nuestras propias ambiciones.

Finalmente, someter nuestra voluntad a Dios nos lleva a experimentar una paz profunda y duradera. **Filipenses 4:6-7** nos anima a presentar nuestras peticiones a Dios con acción de gracias, y promete que *"la paz de Dios, que sobrepasa todo entendimiento, guardará vuestros corazones y vuestros pensamientos en Cristo Jesús"*. Cuando rendimos nuestra voluntad a Dios, dejamos de luchar por el control de nuestras vidas y descansamos en la certeza de que Él tiene el control. Esta paz es el resultado de confiar en que, al seguir la voluntad de Dios, estamos caminando en el mejor camino posible, incluso cuando enfrentamos desafíos.

La lucha interna de Jesús en Getsemaní como ejemplo supremo

El momento más intenso de la rendición de la voluntad propia en la vida de Jesús ocurrió en el huerto de Getsemaní. Este episodio, narrado en Mateo 26:36-46, nos da una visión íntima de la lucha interna que Jesús enfrentó mientras se preparaba para el sacrificio final en la cruz. Jesús sabía lo que le esperaba: la traición, el sufrimiento físico, el rechazo y la muerte. Pero más allá de eso, sabía que cargaría con el peso del pecado del mundo. En este momento de angustia, Jesús oró tres veces al Padre, diciendo: *"Padre mío, si es posible, pase de mí esta copa; pero no sea como yo quiero, sino como tú"* **(Mateo 26:39)**.

Este pasaje muestra la humanidad de Jesús y la profundidad de Su lucha interna. A pesar de ser Dios, Jesús experimentó el dolor y la ansiedad que acompaña la rendición de la voluntad. Sin embargo, en medio de Su angustia, eligió someterse completamente a la voluntad del Padre. Este es el ejemplo supremo de lo que significa sacrificar la voluntad propia. A través de Su rendición, Jesús nos enseña que la obediencia a la voluntad de Dios es el camino hacia el cumplimiento del propósito divino, aunque implique sufrimiento y sacrificio.

La oración de Jesús en Getsemaní también nos enseña que la rendición no siempre es fácil ni automática. Jesús oró repetidamente, pidiendo que la copa pasara de Él si era posible. Esto nos muestra que no debemos sentirnos culpables por luchar con la voluntad de Dios en nuestras vidas. A veces, la obediencia puede ser dolorosa y difícil, pero lo importante es que, al final, elegimos someternos a Dios. Jesús, en Su humanidad, experimentó la misma lucha que nosotros enfrentamos cuando nos encontramos en una situación donde nuestros deseos no se alinean con los de Dios.

La rendición de Jesús en Getsemaní también fue un acto de amor. Jesús estaba dispuesto a sacrificar Su propia voluntad y sufrir por el bien de la humanidad. En **Juan 15:13**, Jesús dijo: *"Nadie tiene mayor amor que este, que uno ponga su vida por sus amigos"*. La rendición de Jesús no fue una simple obediencia mecánica, sino un acto de amor hacia el Padre y hacia nosotros. De la misma manera, cuando rendimos nuestra voluntad a Dios, no lo hacemos por obligación, sino por amor a Aquel que nos amó primero. Este amor nos impulsa a confiar en que la voluntad de Dios es mejor y que, al seguir Su camino, estamos reflejando el amor de Cristo en nuestras vidas.

Otro aspecto de la lucha de Jesús en Getsemaní es la importancia de la fortaleza espiritual en tiempos de prueba. En **Lucas 22:43**, se nos dice que *"se le apareció un ángel del cielo para fortalecerle"*. A pesar de la intensidad de la lucha interna, Dios envió Su ayuda en el momento de mayor necesidad. De manera similar, cuando enfrentamos la difícil tarea de rendir nuestra voluntad, podemos confiar en que Dios nos fortalecerá a través del Espíritu Santo. La fortaleza espiritual no elimina la lucha, pero nos capacita para perseverar en la obediencia, incluso cuando parece que no podemos continuar.

Finalmente, Getsemaní nos enseña que la rendición a la voluntad de Dios es el camino hacia la victoria. Aunque el sacrificio de Jesús en la cruz parecía una derrota desde una perspectiva humana, fue, de hecho, el mayor acto de victoria espiritual en la historia. A través de Su obediencia, Jesús derrotó al pecado, la muerte y el poder del enemigo. De la misma manera, cuando sacrificamos nuestra voluntad y seguimos la voluntad de Dios, aunque parezca que estamos perdiendo, estamos caminando hacia la victoria que Dios ha preparado para nosotros. La verdadera victoria en la vida cristiana no se encuentra en obtener lo que queremos, sino en hacer lo que Dios desea.

Historias de Personas que Renunciaron a Sus Planes para Seguir a Dios

A lo largo de la historia bíblica y de la iglesia, encontramos ejemplos de personas que estuvieron dispuestas a renunciar a sus propios planes y deseos para seguir la voluntad de Dios.

Uno de los ejemplos más poderosos es el de Abraham. En **Génesis 12**, Dios llamó a Abraham a dejar su tierra y su parentela para ir a un lugar que no conocía. Abraham, a pesar de no saber a dónde lo llevaría este llamado, obedeció con fe. Su disposición a sacrificar su comodidad, su seguridad y su futuro personal para seguir a Dios es un ejemplo claro de lo que significa rendir la voluntad propia. Más tarde, Abraham fue llamado a sacrificar a su hijo Isaac, demostrando una vez más su completa confianza en los planes de Dios.

Otro ejemplo bíblico de rendición es el de Moisés. Criado en la opulencia de la corte de Faraón, Moisés pudo haber vivido una vida cómoda y exitosa. Sin embargo, decidió obedecer el llamado de Dios para liberar a los israelitas de la esclavitud en Egipto. En **Hebreos 11:24-25**, se nos dice que *"Moisés, hecho ya grande, rehusó llamarse hijo de la hija de Faraón, escogiendo antes ser maltratado con el pueblo de Dios, que gozar de los deleites temporales del pecado"*. Moisés sacrificó su estatus y privilegios en Egipto por obedecer la voluntad de Dios y cumplir su propósito divino.

En el Nuevo Testamento, el apóstol Pablo es un claro ejemplo de alguien que renunció a sus propios planes para seguir a Dios. Antes de su conversión, Pablo (Saulo) era un fariseo comprometido con su misión de erradicar el cristianismo. Sin embargo, cuando Jesús lo encontró en el camino a Damasco, Pablo renunció a su antigua vida y se convirtió en un ferviente predicador del Evangelio. En **Filipenses 3:7-8**, Pablo escribió: *"Pero cuantas cosas eran para mí ganancia, las he estimado como pérdida por amor de Cristo"*. Pablo sacrificó su reputación, sus logros y su seguridad para seguir el llamado de Dios.

Un ejemplo contemporáneo notable de alguien que renunció a sus propios planes para seguir la voluntad de Dios es William Carey, conocido como el "padre de las misiones modernas". Carey sintió el llamado de Dios para llevar el Evangelio a la India en una época en que muy pocos europeos estaban dispuestos a aventurarse en el extranjero para compartir la fe. A pesar de enfrentar enormes obstáculos, incluyendo la pobreza, la enfermedad y la pérdida de seres queridos, Carey perseveró en su misión. Pasó décadas traduciendo la Biblia a varios idiomas y dialectos indios y fundó instituciones educativas que continúan impactando la región hasta el día de hoy. Su disposición a sacrificar su comodidad y bienestar personal para cumplir el llamado de Dios sigue siendo un poderoso ejemplo de rendición a la voluntad divina.

Otro ejemplo contemporáneo es Corrie ten Boom, una cristiana holandesa que, durante la Segunda Guerra Mundial, decidió ocultar a judíos perseguidos por los nazis. Corrie y su familia sacrificaron su seguridad personal para salvar las vidas de otros. Aunque fue arrestada y enviada a un campo de concentración, donde sufrió inmensamente, Corrie nunca renunció a su fe en Dios. Después de la guerra, dedicó su vida a predicar sobre el amor y el perdón de Dios, incluso hacia aquellos que la habían perseguido. Su historia es un testimonio de lo que significa rendir la voluntad propia por causa del Evangelio.

Finalmente, el pastor David Wilkerson es otro ejemplo de alguien que renunció a sus propios planes para seguir la voluntad de Dios. Wilkerson dejó una iglesia rural cómoda para ir a las calles de Nueva York, donde comenzó a ministrar a pandilleros y drogadictos. Aunque enfrentó muchos desafíos y peligros, su obediencia llevó a la fundación de Teen Challenge, un ministerio que ha ayudado a miles de jóvenes a encontrar la libertad en Cristo. Su vida y ministerio son un recordatorio de que, cuando estamos dispuestos a sacrificar nuestra voluntad, Dios puede hacer cosas extraordinarias a través de nosotros.

Conclusión

El sacrificio de la voluntad propia es uno de los aspectos más desafiantes pero esenciales del discipulado cristiano. A lo largo de la Biblia y la historia de la iglesia, encontramos innumerables ejemplos de personas que estuvieron dispuestas a renunciar a sus propios planes y deseos para seguir la voluntad de Dios. Aunque este proceso a menudo implica una lucha interna y sacrificios significativos, la obediencia a la voluntad de Dios es el camino hacia una vida plena y significativa en Cristo.

Seguir a Cristo implica rendir cada aspecto de nuestra vida, incluyendo nuestros deseos, nuestras metas y nuestra voluntad. A través del sacrificio de la voluntad propia, descubrimos la verdadera libertad en Cristo y experimentamos la paz que solo Dios puede dar. Aunque el costo es alto, las recompensas eternas superan con creces cualquier sacrificio temporal que hagamos. Como seguidores de Cristo, estamos llamados a confiar en que los planes de Dios son mejores que los nuestros y a seguir Su voluntad con fe, amor y obediencia, sabiendo que, al final, Su propósito será cumplido en nuestras vidas.

Capítulo 6

La Guerra Espiritual del Discípulo

Introducción

La vida cristiana no es solo una caminata de fe y obediencia, sino también una batalla constante en el ámbito espiritual. En **Efesios 6:12**, el apóstol Pablo escribe: *"Porque no tenemos lucha contra sangre y carne, sino contra principados, contra potestades, contra los gobernadores de las tinieblas de este siglo, contra huestes espirituales de maldad en las regiones celestes"*. Como discípulos de Cristo, estamos en medio de una guerra espiritual que trasciende lo visible y lo físico. Esta batalla es continua y se libra en nuestros corazones, nuestras mentes y nuestro entorno, mientras el enemigo trata de apartarnos del propósito de Dios.

La guerra espiritual del discípulo no debe ser tomada a la ligera. Aunque hemos sido redimidos por Cristo y tenemos la victoria final en Él, Satanás sigue intentando desanimar, distraer y destruir a los creyentes. La buena noticia es que Dios nos ha provisto las herramientas y las armas necesarias para luchar y vencer en esta batalla. En este capítulo, exploraremos tres aspectos clave de la guerra espiritual: primero, las batallas espirituales que enfrentan aquellos que siguen a Cristo de manera radical; segundo, los principios bíblicos de guerra espiritual y resistencia al enemigo; y tercero, cómo podemos equiparnos para la batalla con la armadura de Dios.

Las Batallas Espirituales que Enfrentan los Discípulos de Cristo

Seguir a Cristo de manera radical nos coloca automáticamente en el frente de la guerra espiritual. El enemigo no está interesado en aquellos que viven vidas cómodas y superficiales, sino en aquellos que han decidido vivir para Dios de manera comprometida y activa. En **1 Pedro 5:8** se nos advierte: *"Vuestro adversario el diablo, como león rugiente, anda alrededor buscando a quien devorar".* Como discípulos comprometidos, somos blancos de los ataques del enemigo, quien busca robar nuestra paz, distorsionar nuestra fe y apartarnos de la verdad del Evangelio.

La lucha contra el desánimo

Una de las batallas más comunes en la guerra espiritual es la lucha contra el desánimo. El enemigo sabe que, si logra desalentarnos, puede hacernos ineficaces en nuestro servicio a Dios. Utiliza circunstancias difíciles, relaciones rotas o fracasos personales para hacernos sentir que no somos dignos o capaces de cumplir el llamado de Dios. Sin embargo, en **2 Corintios 4:8-9**, Pablo nos recuerda que, aunque estamos *"atribulados en todo, mas no angustiados; en apuros, mas no desesperados; perseguidos, mas no desamparados; derribados, pero no destruidos".* Esta promesa nos fortalece en medio de la batalla, sabiendo que Dios está con nosotros y que no estamos solos en nuestras luchas.

La tentación como arma del enemigo

Otra área de batalla espiritual es la tentación. El enemigo utiliza nuestras debilidades y deseos pecaminosos para intentar alejarnos de Dios. Incluso Jesús fue tentado por

Satanás en el desierto (**Mateo 4:1-11**), mostrándonos que nadie está exento de la tentación. Sin embargo, Jesús nos enseñó cómo vencerla a través de la Palabra de Dios, respondiendo a cada tentación con las Escrituras. Como discípulos, debemos estar preparados para enfrentar la tentación con las mismas armas que usó Jesús: la verdad de la Palabra de Dios y la dependencia en el Espíritu Santo.

La duda: un ataque contra la fe

La duda es otra herramienta poderosa que el enemigo utiliza en la guerra espiritual. En Génesis 3, Satanás sembró dudas en la mente de Eva, cuestionando la bondad y las instrucciones de Dios. La duda puede desviar nuestro enfoque de la fe y el propósito divino. **Santiago 1:6** nos exhorta a pedir con fe, "no dudando nada", confiando en que Dios es fiel para cumplir Sus promesas. Cuando enfrentamos la duda, debemos anclarnos en la Palabra de Dios, recordando que Su verdad es inmutable y que Él nunca nos fallará.

La batalla por la pureza

La batalla por la pureza es otra lucha espiritual crucial. En un mundo saturado de inmoralidad sexual y tentaciones constantes, mantener la pureza es un desafío diario. **1 Tesalonicenses 4:3-4** nos exhorta: *"Pues la voluntad de Dios es vuestra santificación; que os apartéis de fornicación; que cada uno de vosotros sepa tener su propia esposa en santidad y honor".* Como discípulos, debemos estar alertas y disciplinados en nuestras decisiones y comportamientos, sabiendo que la pureza afecta nuestra relación con Dios y nuestro testimonio ante los demás.

La distracción como estrategia sutil

Finalmente, la distracción es una de las herramientas más sutiles pero efectivas del enemigo. Utiliza el materialismo, la tecnología y otras distracciones para desenfocarnos de nuestra misión en Cristo. En **Hebreos 12:1-2** se nos exhorta a *"despojarnos de todo peso y del pecado que nos asedia, y corramos con paciencia la carrera que tenemos por delante, puestos los ojos en Jesús"*. Mantener nuestra atención en Cristo es esencial para vencer en esta guerra espiritual y vivir vidas que glorifiquen a Dios.

Principios bíblicos de guerra espiritual y resistencia al enemigo:

La Biblia nos provee principios claros para enfrentar y vencer en la guerra espiritual.

Identificar al verdadero enemigo

Uno de los principios más fundamentales es entender que nuestra lucha no es contra personas, sino contra fuerzas espirituales. En **Efesios 6:12**, Pablo nos recuerda que *"no tenemos lucha contra carne y sangre"*, lo cual es crucial para no perder la perspectiva de que nuestra verdadera batalla es contra Satanás y sus huestes. El enemigo intentará hacernos creer que nuestras luchas son con personas, pero debemos recordar que detrás de cada conflicto espiritual hay una batalla más grande que no se ve.

Usar armas espirituales

Otro principio importante es que la guerra espiritual se libra con armas espirituales, no con armas carnales. En **2 Corintios 10:4** se nos dice que *"las armas de nuestra milicia no son carnales, sino poderosas en Dios para la* *destrucción de fortalezas"*. No podemos luchar en nuestra propia fuerza o con métodos humanos; necesitamos la ayuda del Espíritu Santo y las armas que Dios nos ha provisto. La oración, la Palabra de Dios y la fe son nuestras principales herramientas en esta batalla, y debemos usarlas diligentemente para resistir los ataques del enemigo.

Resistir al enemigo con firmeza

La resistencia al enemigo es otro principio clave en la guerra espiritual. En **Santiago 4:7** se nos exhorta: *"Someteos, pues, a Dios; resistid al diablo, y huirá de vosotros"*. La resistencia no es pasiva; requiere una postura activa de rechazo hacia el pecado y las mentiras del enemigo. Someterse a Dios es la clave para resistir al diablo. Cuando estamos bajo la autoridad de Dios y vivimos en obediencia a Su Palabra, el enemigo no tiene poder sobre nosotros. Esta resistencia se manifiesta a través de la oración constante, el ayuno y el estudio de las Escrituras, herramientas que fortalecen nuestra fe y nos mantienen alertas en la batalla.

La oración es una de las armas más poderosas en la guerra espiritual. En **Efesios 6:18**, Pablo nos exhorta a *"orar en todo tiempo con toda oración y súplica en el Espíritu"*. La oración nos conecta con el poder de Dios y nos capacita para enfrentar los ataques del enemigo. Jesús mismo demostró la importancia de la oración en Su ministerio, orando regularmente antes de enfrentar desafíos y pruebas. Cuando oramos, activamos la protección y el poder de Dios sobre nuestras vidas, lo que nos permite resistir los ataques espirituales y mantenernos firmes en la fe.

Caminar en Santidad: Cerrando Puertas al Enemigo

Otro principio esencial es la importancia de caminar en santidad. El pecado es una puerta abierta para los ataques del enemigo. Cuando permitimos que el pecado permanezca en nuestras vidas, le damos al diablo una ventaja en la batalla. En **1 Juan 1:9**, se nos promete: *"Si confesamos nuestros pecados, él es fiel y justo para perdonar nuestros pecados, y limpiarnos de toda maldad"*. La santidad no solo es una cuestión de obediencia, sino también de protección. Cuanto más cerca caminamos con Dios, menos terreno le damos al enemigo para que opere en nuestras vidas.

La Adoración: Un Arma Poderosa

La adoración es otra arma poderosa en la guerra espiritual. En **2 Crónicas 20**, vemos cómo el rey Josafat enfrentó una guerra contra enemigos poderosos, pero en lugar de confiar en sus ejércitos, ordenó que los cantores alabaran a Dios en medio de la batalla. A través de la adoración, Dios confundió a los enemigos y les dio la victoria. La adoración tiene el poder de cambiar el ambiente espiritual y de atraer la presencia de Dios a nuestras circunstancias. Cuando adoramos a Dios, estamos declarando Su señorío sobre nuestras vidas y nuestras batallas, lo que desarma al enemigo y nos fortalece en el Espíritu.

Equipándonos para la Batalla con la Armadura de Dios

Dios no nos ha dejado desprotegidos en la guerra espiritual; nos ha dado la armadura necesaria para enfrentar los ataques del enemigo. En **Efesios 6:13-17**, Pablo describe la armadura de Dios como un conjunto de herramientas espirituales que nos protegen y nos permiten luchar con valentía. Esta armadura no es opcional, sino esencial para todo creyente que quiera mantenerse firme en medio de la batalla.

1. El cinturón de la verdad

La verdad es fundamental en la guerra espiritual porque el enemigo es el "padre de la mentira" (**Juan 8:44**). Si no estamos arraigados en la verdad de la Palabra de Dios, somos vulnerables a las mentiras y los engaños de Satanás. El cinturón de la verdad asegura que estamos firmes en la doctrina correcta y que nuestras vidas están alineadas con los principios de Dios. Sin la verdad, no tenemos una base sólida sobre la cual construir nuestra fe.

2. La coraza de justicia

La justicia de Dios, otorgada a través de Jesucristo, nos protege de los ataques del enemigo en cuanto a la culpa y la condenación. **Romanos 8:1** dice: *"Ahora, pues, ninguna condenación hay para los que están en Cristo Jesús"*. El enemigo intentará acusarnos y hacernos sentir indignos, pero la coraza de justicia nos recuerda que somos perdonados y que nuestra posición ante Dios no depende de nuestras obras, sino de la obra perfecta de Cristo en la cruz. Al caminar en justicia, no le damos lugar al enemigo para atacarnos en áreas de pecado no confesado.

3. Los zapatos del evangelio de la paz

Estos nos permiten estar firmes en la proclamación del Evangelio y en la paz que sobrepasa todo entendimiento. **Filipenses 4:7** nos promete que *"la paz de Dios, que sobrepasa todo entendimiento, guardará vuestros corazones y vuestros pensamientos en Cristo Jesús"*. La paz es tanto un arma ofensiva como defensiva en la guerra espiritual. Nos permite mantenernos tranquilos y enfocados en Dios, incluso cuando el enemigo intenta desestabilizarnos con ataques de ansiedad, miedo o confusión.

4. El escudo de la fe

En **Efesios 6:16**, se nos dice que *"con el escudo de la fe podréis apagar todos los dardos de fuego del maligno".* La fe es nuestra defensa contra los ataques del enemigo, especialmente en tiempos de duda o incertidumbre. Cuando el enemigo nos lanza ataques en forma de mentiras o tentaciones, podemos usar el escudo de la fe para recordar las promesas de Dios y mantenernos firmes en nuestra confianza en Su fidelidad. La fe nos da la capacidad de ver más allá de nuestras circunstancias presentes y confiar en el plan soberano de Dios.

5. El yelmo de la salvación

El yelmo protege nuestra mente, que es uno de los campos de batalla más importantes en la guerra espiritual. En **Romanos 12:2**, se nos dice que debemos renovar nuestra mente para poder discernir la voluntad de Dios. El enemigo siempre buscará atacar nuestra mente con pensamientos de duda, condenación o confusión. Sin embargo, el yelmo de la salvación nos recuerda que somos hijos de Dios, redimidos y seguros en Cristo. Cuando nuestra mente está protegida por la verdad de nuestra salvación, somos capaces de resistir los pensamientos y las mentiras del enemigo.

6. La espada del Espíritu

La espada del Espíritu, que es la Palabra de Dios, es nuestra arma ofensiva en la guerra espiritual. Jesús usó la Palabra de Dios para vencer las tentaciones de Satanás en el desierto (**Mateo 4:1-11**), y nosotros también debemos hacerlo. Memorizar y meditar en las Escrituras nos da la capacidad de responder a los ataques del enemigo con la verdad de Dios. **Hebreos 4:12** nos recuerda que *"la Palabra de Dios es viva y eficaz, y más cortante que toda espada de* *dos filos"*. Cuando usamos la Palabra en oración y declaración, destruimos las fortalezas del enemigo y nos afirmamos en la victoria de Cristo.

Conclusión

La guerra espiritual es una realidad que cada discípulo de Cristo enfrenta en su caminar de fe. Aunque estamos en una batalla constante contra las fuerzas del mal, Dios nos ha provisto todo lo necesario para vencer. A través de la oración, la Palabra de Dios, la santidad y la fe, somos capacitados para resistir al enemigo y mantenernos firmes en medio de las pruebas.

La armadura de Dios nos protege y nos equipa para enfrentar los ataques del enemigo, recordándonos que no estamos solos en esta batalla, sino que contamos con el poder del Espíritu Santo de nuestro lado. Como discípulos, estamos llamados a pelear la buena batalla de la fe (**1 Timoteo 6:12**), sabiendo que la victoria ya ha sido ganada en Cristo. Al vivir diariamente con la armadura de Dios, podemos estar firmes contra las acechanzas del enemigo, confiando en que Dios nos llevará a la victoria final. El discípulo que entiende la naturaleza de la guerra espiritual y se equipa adecuadamente no solo resistirá los ataques del enemigo, sino que también avanzará en la expansión del Reino de Dios en este mundo.

Capítulo 7

La Recompensa del Llamado

Introducción

Aunque seguir a Cristo implica sacrificio, renuncia, y una batalla constante en el ámbito espiritual, también hay una promesa de recompensas eternas para aquellos que perseveran hasta el final. Jesús mismo enseñó que hay una gran recompensa para aquellos que eligen negarse a sí mismos, tomar su cruz y seguirle, aunque esto implique sufrimiento y oposición en esta vida. En **Mateo 19:29**, Jesús declaró: *"Y cualquiera que haya dejado casas, o hermanos, o hermanas, o padre, o madre, o mujer, o hijos, o tierras, por mi nombre, recibirá cien veces más, y heredará la vida eterna".* Este versículo es una poderosa afirmación de que el sacrificio temporal que hacemos al seguir a Cristo será recompensado abundantemente, tanto en esta vida como en la eternidad. Sin embargo, es importante recordar que las recompensas de Dios no siempre se manifiestan de la manera que el mundo espera. La verdadera recompensa del llamado no está necesariamente en el éxito terrenal o en las bendiciones materiales, sino en las bendiciones espirituales y eternas que Dios ha preparado para nosotros.

En este capítulo, exploraremos tres aspectos clave de la recompensa del llamado: primero, las bendiciones espirituales que recibimos al seguir a Cristo; segundo, el gozo y la paz que vienen como fruto de la obediencia; y tercero, la esperanza de la vida eterna que nos espera en el Reino de Dios.

Las Bendiciones Espirituales que Recibimos al Seguir a Cristo

Cuando decidimos seguir a Cristo y responder a Su llamado, experimentamos una transformación profunda en nuestras vidas. Una de las primeras recompensas que recibimos es el don del Espíritu Santo. En **Hechos 2:38**, Pedro dijo: *"Arrepentíos, y bautícese cada uno de vosotros en el nombre de Jesucristo para perdón de los pecados; y recibiréis el don del Espíritu Santo"*. El Espíritu Santo es el regalo de Dios para todos los creyentes, y Su presencia en nuestras vidas nos llena de poder, sabiduría y dirección. A través del Espíritu Santo, experimentamos una relación cercana y personal con Dios, quien nos guía en todas las áreas de nuestra vida.

Otra bendición espiritual que recibimos al seguir a Cristo es la adopción como hijos de Dios. En **Romanos 8:15-16,** Pablo escribe: *"Pues no habéis recibido el espíritu de esclavitud para estar otra vez en temor, sino que habéis recibido el Espíritu de adopción, por el cual clamamos: ¡Abba, Padre! El Espíritu mismo da testimonio a nuestro espíritu, de que somos hijos de Dios"*. Ser hijos de Dios significa que ya no somos esclavos del pecado ni de los temores de este mundo, sino que somos amados, aceptados y protegidos por nuestro Padre celestial. Esta identidad como hijos nos da una seguridad y una confianza profunda, sabiendo que somos parte de la familia de Dios.

Otra bendición espiritual es la victoria sobre el pecado y la muerte. En **1 Corintios 15:57**, Pablo exclama: *"Mas gracias sean dadas a Dios, que nos da la victoria por medio de nuestro Señor Jesucristo"*. A través de la obra de Cristo en la cruz, ya no estamos condenados a vivir bajo el poder del pecado ni a temer la muerte. Jesús pagó el precio de nuestros pecados y nos ha dado la victoria sobre la muerte, prometiéndonos la vida eterna. Esta victoria nos da libertad para vivir una vida plena, sin las ataduras del pasado, y nos permite caminar en la nueva identidad que hemos recibido en Cristo.

Además de la victoria sobre el pecado, otra recompensa espiritual que experimentamos es el crecimiento en santidad. En **Filipenses 1:6**, se nos asegura que *"el que comenzó en vosotros la buena obra, la perfeccionará hasta el día de Jesucristo".* Dios está comprometido con nuestro crecimiento espiritual y, a través de Su Espíritu, nos transforma más y más a la imagen de Su Hijo. Este proceso de santificación es una bendición en sí misma, ya que nos permite vivir una vida que refleja el carácter de Cristo. A medida que crecemos en santidad, experimentamos una mayor libertad del pecado y una mayor plenitud en nuestra relación con Dios.

Otro aspecto importante de las bendiciones espirituales es la comunidad cristiana. Al seguir a Cristo, somos parte del cuerpo de Cristo, la iglesia. En **Hechos 2:42**, se nos dice que los primeros cristianos *"perseveraban en la doctrina de los apóstoles, en la comunión unos con otros, en el partimiento del pan y en las oraciones".* La comunidad cristiana es una bendición porque nos proporciona apoyo, ánimo y crecimiento en nuestra fe. No estamos llamados a caminar solos, sino a vivir en comunión con otros creyentes, compartiendo nuestras cargas y animándonos mutuamente en el Señor.

Finalmente, una de las mayores recompensas espirituales que recibimos al seguir a Cristo es la paz con Dios. **Romanos 5:1** nos dice: *"Justificados, pues, por la fe, tenemos paz para con Dios por medio de nuestro Señor Jesucristo".* Esta paz no es simplemente la ausencia de conflicto, sino una reconciliación total con Dios. Ya no estamos separados de Él por nuestros pecados, sino que hemos sido reconciliados a través de Cristo. Esta paz interior es un fruto de nuestra relación restaurada con Dios, y nos da una sensación de seguridad y bienestar, incluso en medio de las pruebas y las dificultades.

El Gozo y la Paz como Fruto de la Obediencia

El gozo es otra recompensa que recibimos al seguir a Cristo y obedecer Su llamado. Jesús dijo en **Juan 15:11**: *"Estas cosas os he hablado, para que mi gozo esté en vosotros, y vuestro gozo sea completo"*. El gozo del que habla Jesús no es un sentimiento temporal o superficial, sino un gozo profundo y duradero que proviene de vivir en comunión con Dios y en obediencia a Su Palabra. Este gozo no depende de nuestras circunstancias externas, sino de nuestra relación con Cristo. A medida que seguimos a Jesús y vivimos en obediencia, experimentamos una alegría que trasciende el dolor, el sufrimiento y las dificultades de la vida.

El gozo del creyente también está ligado a la misión de compartir el Evangelio con otros. En **Lucas 10:17**, se nos dice que los setenta discípulos regresaron con gozo después de haber sido enviados por Jesús a predicar y sanar. Cuando participamos en la obra de Dios y vemos cómo Su Reino se expande, experimentamos un gozo indescriptible. El apóstol Pablo también experimentó este gozo cuando vio el crecimiento espiritual de las iglesias que había fundado. En **1 Tesalonicenses 2:19-20**, él escribe: *"¿Cuál es nuestra esperanza, o gozo, o corona de que me gloríe? ¿No lo sois vosotros, delante de nuestro Señor Jesucristo en Su venida? Vosotros sois nuestra gloria y gozo"*. Al obedecer el llamado de Dios y participar en la obra de Su Reino, experimentamos un gozo que supera cualquier satisfacción terrenal.

La paz es otro fruto de la obediencia a Dios. En **Isaías 26:3**, se nos dice: *"Tú guardarás en completa paz a aquel cuyo pensamiento en ti persevera; porque en ti ha* *confiado"*. La paz que Dios nos da no depende de nuestras circunstancias, sino de nuestra confianza en Él. A medida que aprendemos a confiar en Dios y a obedecer Su voluntad, experimentamos una paz que sobrepasa todo entendimiento (**Filipenses 4:7**). Esta paz es una de las mayores recompensas de seguir a Cristo, porque nos permite enfrentar las dificultades de la vida con serenidad y confianza, sabiendo que Dios está en control.

Otro aspecto del gozo y la paz es el descanso que experimentamos en Cristo. En **Mateo 11:28-29**, Jesús dijo: *"Venid a mí todos los que estáis trabajados y cargados, y yo os haré descansar. Llevad mi yugo sobre vosotros, y aprended de mí, que soy manso y humilde de corazón; y hallaréis descanso para vuestras almas".* Cuando obedecemos el llamado de Cristo y entregamos nuestras cargas a Él, encontramos descanso y alivio de nuestras preocupaciones. Este descanso no es solo físico, sino un descanso profundo del alma, donde podemos confiar en que Dios tiene cuidado de nosotros y que nuestras vidas están en Sus manos.

El gozo y la paz también se manifiestan en nuestra relación con los demás. En **Gálatas 5:22-23**, se nos describe el fruto del Espíritu, que incluye el gozo y la paz, así como el amor, la paciencia y la bondad. A medida que crecemos en nuestra obediencia a Dios y en nuestra relación con el Espíritu Santo, estos frutos se manifiestan en nuestras vidas, no solo para nuestro propio beneficio, sino para bendecir a los demás. La obediencia a Dios produce un carácter transformado, que refleja el amor y la paz de Cristo en nuestras relaciones, en nuestras familias y en nuestras comunidades.

Finalmente, el gozo y la paz son una señal de que estamos caminando en la voluntad de Dios. En **Salmo 16:11**, el salmista declara: *"Me mostrarás la senda de la vida; en tu presencia hay plenitud de gozo; delicias a tu diestra para* *siempre"*. Cuando obedecemos a Dios, caminamos en Su presencia, y en Su presencia encontramos plenitud de gozo y paz. Este gozo y esta paz no son momentáneos, sino eternos, porque provienen de una relación continua y profunda con el Creador. Al caminar en obediencia, experimentamos una comunión más cercana con Dios, lo que nos llena de gozo y paz en cada temporada de la vida.

La Esperanza de la Vida Eterna en el Reino de Dios

Una de las recompensas más gloriosas del llamado de Cristo es la esperanza de la vida eterna. En **Juan 14:2-3**, Jesús prometió: *"En la casa de mi Padre muchas moradas hay; si así no fuera, yo os lo hubiera dicho; voy, pues, a preparar lugar para vosotros. Y si me fuere y os preparare lugar, vendré otra vez, y os tomaré a mí mismo, para que donde yo estoy, vosotros también estéis"*. La vida eterna es la culminación de nuestra esperanza como cristianos, y es la recompensa final para aquellos que perseveran en la fe y siguen a Cristo hasta el final. Esta esperanza nos da una perspectiva eterna que transforma la forma en que vivimos aquí en la tierra.

La vida eterna no es solo un concepto futuro, sino una realidad presente para los creyentes. En **Juan 17:3**, Jesús define la vida eterna como *"que te conozcan a ti, el único Dios verdadero, y a Jesucristo, a quien has enviado"*. La vida eterna comienza en el momento en que entramos en una relación con Dios a través de Jesucristo. No se trata solo de la vida después de la muerte, sino de vivir en comunión con Dios aquí y ahora. Esta relación íntima con el Padre es la esencia de la vida eterna, y es la recompensa más grande que podemos recibir al seguir a Cristo.

Además de la esperanza de la vida eterna, los creyentes también tienen la promesa de una herencia celestial. En **1 Pedro 1:4**, se nos habla de *"una herencia* *incorruptible, incontaminada e inmarcesible, reservada en los cielos para vosotros"*. Esta herencia no puede ser destruida ni contaminada por el pecado o la corrupción del mundo. Es una recompensa eterna que Dios ha preparado para aquellos que le aman y le obedecen. Esta herencia incluye la plenitud de la vida en la presencia de Dios, la comunión perfecta con los santos y la participación en el Reino eterno de Cristo.

La esperanza de la vida eterna también nos fortalece en medio de las pruebas y tribulaciones de esta vida. En **2 Corintios 4:17-18,** Pablo escribe: *"Porque esta leve tribulación momentánea produce en nosotros un cada vez más excelente y eterno peso de gloria; no mirando nosotros las cosas que se ven, sino las que no se ven; porque las cosas que se ven son temporales, pero las que no se ven son eternas".* Al mantener nuestra mirada en las cosas eternas, podemos soportar las dificultades y el sufrimiento, sabiendo que nuestras pruebas son temporales y que nos espera una gloria eterna en la presencia de Dios.

Otra promesa gloriosa relacionada con la vida eterna es la resurrección de los muertos. En **1 Corintios 15:52**, se nos dice que *"en un abrir y cerrar de ojos, a la final trompeta... los muertos serán resucitados incorruptibles, y nosotros seremos transformados".* La resurrección es la culminación de nuestra salvación, donde nuestros cuerpos mortales serán transformados en cuerpos glorificados, libres de pecado y enfermedad. Esta esperanza nos da consuelo y ánimo, especialmente cuando enfrentamos la pérdida de seres queridos. Sabemos que la muerte no tiene la última palabra, porque en Cristo tenemos la promesa de la resurrección y la vida eterna.

Finalmente, la esperanza de la vida eterna también incluye la recompensa de gobernar con Cristo en Su Reino eterno. En **Apocalipsis 3:21**, Jesús promete: *"Al que venciere, le daré que se siente conmigo en mi trono, así* *como yo he vencido, y me he sentado con mi Padre en su trono".* Como seguidores de Cristo, no solo somos llamados a ser salvos, sino a reinar con Él en Su Reino. Esta es una recompensa increíble que Dios ha preparado para Sus hijos, y es un recordatorio de que nuestra fidelidad a Cristo en esta vida tiene implicaciones eternas en el Reino venidero.

Conclusión

La recompensa del llamado es una realidad profunda y gloriosa para aquellos que han decidido seguir a Cristo. Aunque el camino del discipulado puede ser difícil y lleno de desafíos, las recompensas espirituales, el gozo y la paz que experimentamos en esta vida, y la esperanza de la vida eterna, superan con creces cualquier sacrificio temporal. Dios, en Su gracia, ha preparado grandes bendiciones para Sus hijos, tanto en esta vida como en la eternidad, y nos invita a caminar en obediencia para experimentar Su plenitud.

Seguir a Cristo no solo transforma nuestra vida presente, sino que también nos asegura un futuro glorioso en la presencia de Dios. Como discípulos, estamos llamados a mantener nuestra mirada en las recompensas eternas, sabiendo que nuestra fidelidad a Cristo será recompensada más allá de lo que podamos imaginar. En Cristo, tenemos la promesa de una vida abundante, una paz que sobrepasa todo entendimiento y la certeza de que nuestra esperanza está asegurada en el Reino eterno de Dios.

Capítulo 8

El Llamado a Servir: El Ejemplo de Cristo

Introducción

Uno de los aspectos más transformadores del llamado cristiano es el llamado a servir. Jesús, el Hijo de Dios, vino a la tierra no para ser servido, sino para servir y dar Su vida en rescate por muchos (**Marcos 10:45**). Su ejemplo de servicio desinteresado y sacrificial es el modelo para todos los que lo siguen. A lo largo de Su ministerio, Jesús mostró que la verdadera grandeza no se encuentra en el poder o el prestigio, sino en la disposición de humillarse y servir a los demás. En **Juan 13:14-15**, después de lavar los pies de Sus discípulos, Jesús les dijo: *"Pues si yo, el Señor y el Maestro, he lavado vuestros pies, vosotros también debéis lavaros los pies los unos a los otros. Porque ejemplo os he dado, para que como yo os he hecho, vosotros también hagáis".*

El llamado a servir no es opcional para el discípulo de Cristo, sino una parte esencial del seguimiento de Jesús. A través del servicio, reflejamos el carácter de Cristo y extendemos Su amor y compasión a los demás. En este capítulo, exploraremos tres aspectos del llamado a servir: primero, Jesús como el ejemplo máximo de servicio; segundo, la importancia de un corazón siervo en el discipulado; y tercero, ejemplos de líderes bíblicos que sirvieron sin buscar reconocimiento.

Jesús como el Ejemplo Máximo de Servicio

Jesús es el ejemplo supremo de lo que significa servir a los demás. A lo largo de los Evangelios, vemos cómo Jesús ministró a las multitudes, sanando a los enfermos, liberando a los oprimidos y enseñando a los perdidos. Aunque Jesús tenía todo el poder y la autoridad como Hijo de Dios, eligió humillarse y servir a la humanidad de una manera que desafiaba las expectativas culturales y religiosas de Su tiempo. En **Filipenses 2:6-7**, se nos dice que *"se despojó a sí mismo, tomando forma de siervo, hecho semejante a los hombres"*. Jesús no vino a la tierra buscando exaltación para sí mismo, sino para cumplir la voluntad del Padre y servir a los demás.

Uno de los momentos más poderosos en la vida de Jesús que demuestra Su disposición a servir fue cuando lavó los pies de Sus discípulos. En **Juan 13**, Jesús se arrodilló ante ellos y realizó una tarea que normalmente se reservaba para los sirvientes. Este acto de humildad y servicio sorprendió a los discípulos, especialmente a Pedro, quien al principio se negó a que Jesús le lavara los pies. Sin embargo, Jesús explicó que este acto era un ejemplo de cómo debían tratarse unos a otros. Este momento no solo fue un acto de servicio, sino también una enseñanza profunda sobre la naturaleza del liderazgo en el Reino de Dios: el más grande entre nosotros es el que está dispuesto a servir a los demás.

Otro ejemplo del servicio de Jesús fue Su compasión por las multitudes. En **Mateo 14:14**, se nos dice que *"vio Jesús una gran multitud, y tuvo compasión de ellos, y sanó a los que de ellos estaban enfermos"*. Aunque Jesús estaba cansado y buscando un lugar para descansar, Su amor por las personas lo llevó a atender sus necesidades físicas y espirituales. El servicio de Jesús no era motivado por la obligación, sino por un profundo amor y compasión por los demás. Esta es una lección clave para nosotros como discípulos: el verdadero servicio fluye de un corazón lleno de amor por Dios y por los demás.

Además de Su ministerio público, Jesús también sirvió en lo privado. A menudo, se retiraba a orar en lugares solitarios, no solo para recargar Sus fuerzas, sino para interceder por aquellos a quienes ministraba. En **Lucas 22:32**, Jesús le dijo a Pedro: *"Pero yo he rogado por ti, que tu fe no falte"*. Este es un recordatorio de que el servicio no siempre es visible o reconocido por los demás, pero es igualmente importante. Jesús nos enseña que servir a los demás incluye interceder por ellos en oración y estar dispuestos a sacrificar nuestro tiempo y energías en secreto por su bienestar.

Otro aspecto del servicio de Jesús fue Su disposición a ministrar a aquellos que la sociedad rechazaba. En **Marcos 2:16-17**, Jesús fue criticado por comer con publicanos y pecadores, pero respondió diciendo: *"Los sanos no tienen necesidad de médico, sino los enfermos; no he venido a llamar a justos, sino a pecadores"*. Jesús no hizo distinción entre personas; sirvió tanto a los ricos como a los pobres, a los justos como a los pecadores. Su servicio rompió barreras sociales y religiosas, demostrando que el amor y la gracia de Dios están disponibles para todos, sin importar su estatus o pasado.

Finalmente, el acto supremo de servicio de Jesús fue Su sacrificio en la cruz. En **Juan 15:13**, Jesús dijo: *"Nadie tiene mayor amor que este, que uno ponga su vida por sus amigos"*. Jesús no solo sirvió a los demás durante Su ministerio terrenal, sino que entregó Su vida por la humanidad entera. Su muerte en la cruz fue el acto de servicio más grande jamás realizado, ya que, a través de Su sacrificio, ofreció redención y vida eterna a todos los que creen en Él. Como seguidores de Cristo, estamos llamados a imitar Su ejemplo de servicio, sabiendo que el mayor servicio que podemos ofrecer es sacrificar nuestras vidas, tiempo y recursos por el bienestar de los demás.

La Importancia de un Corazón Siervo en el Discipulado

El discipulado cristiano no solo se trata de aprender doctrinas o asistir a la iglesia; se trata de desarrollar un corazón siervo, dispuesto a poner las necesidades de los demás por encima de las nuestras. En **Mateo 20:26-28**, Jesús dijo a Sus discípulos: *"El que quiera hacerse grande entre vosotros será vuestro servidor, y el que quiera ser el primero entre vosotros será vuestro siervo; como el Hijo del Hombre no vino para ser servido, sino para servir"*. Esta enseñanza desafía las nociones culturales de grandeza y poder, y nos llama a seguir el ejemplo de Jesús, sirviendo con humildad y amor.

Un corazón siervo no nace de la obligación o el deber, sino de una transformación interna que ocurre cuando el Espíritu Santo obra en nuestras vidas. En **2 Corintios 5:14**, Pablo declara: *"El amor de Cristo nos constriñe"*. El verdadero servicio fluye del amor de Cristo en nosotros. Cuando entendemos cuánto nos ha amado y servido Jesús, somos impulsados a servir a los demás con el mismo amor. El servicio no es una carga cuando es motivado por el amor, sino una expresión natural de nuestra gratitud a Dios y de nuestra compasión por los demás.

La disposición a servir también es una marca de madurez espiritual. En **Filipenses 2:3-4**, se nos exhorta: *"Nada hagáis por contienda o por vanagloria; antes bien con humildad, estimando cada uno a los demás como superiores a él mismo; no mirando cada uno por lo suyo propio, sino cada cual también por lo de los otros"*. Un corazón siervo busca el bienestar de los demás, no por orgullo o para ganar reconocimiento, sino porque valora a los demás como más importantes que a sí mismo. Este tipo de servicio refleja el carácter de Cristo y muestra el fruto de un discípulo que ha sido transformado por la gracia de Dios.

La humildad es otro componente esencial de un corazón siervo. Jesús nos enseñó que, para ser grandes en el Reino de Dios, debemos humillarnos y servir como lo hizo Él. En **Marcos 9:35**, Jesús dijo: *"Si alguno quiere ser el primero, será el postrero de todos, y el servidor de todos".* La humildad nos lleva a reconocer que no somos superiores a nadie y que cada persona, sin importar su estatus o posición, merece nuestro respeto y servicio. Un discípulo con un corazón siervo no busca exaltarse a sí mismo, sino que se deleita en exaltar a los demás y en servirles con amor.

Un corazón siervo también se manifiesta en la disposición a servir en cualquier lugar o circunstancia, sin esperar reconocimiento o recompensas. En **Colosenses 3:23-24**, se nos dice: *"Y todo lo que hagáis, hacedlo de corazón, como para el Señor y no para los hombres; sabiendo que del Señor recibiréis la recompensa de la herencia, porque a Cristo el Señor servís".* Un verdadero siervo de Cristo no busca el aplauso o la aprobación de los hombres, sino que sirve con la motivación de agradar a Dios. Este tipo de servicio es auténtico y constante, porque no depende de las circunstancias externas, sino de una relación íntima con Dios.

Finalmente, el servicio es una herramienta poderosa para el crecimiento en el discipulado. Cuando servimos a los demás, Dios trabaja en nuestros corazones, moldeándonos a la imagen de Cristo. En **Santiago 1:22**, se nos dice que debemos ser *"hacedores de la palabra, y no tan solamente oidores".* El servicio es una forma de poner en práctica lo que hemos aprendido de las Escrituras. A través del servicio, Dios revela áreas en nuestras vidas que necesitan ser transformadas, y nos da oportunidades para crecer en fe, paciencia y compasión. Un discípulo comprometido con el servicio experimenta una transformación constante y profunda en su relación con Dios y con los demás.

Ejemplos de Líderes Bíblicos que Sirvieron sin Buscar Reconocimiento

A lo largo de las Escrituras, vemos ejemplos de líderes que sirvieron a Dios y a Su pueblo con humildad, sin buscar reconocimiento o gloria personal. Uno de esos líderes fue Moisés. Aunque Moisés fue llamado a guiar a Israel fuera de la esclavitud en Egipto y a través del desierto, nunca buscó el poder o la fama para sí mismo. En **Números 12:3**, se nos dice que *"Moisés era muy manso, más que todos los hombres que había sobre la tierra"*. Su humildad y disposición a servir a Dios y al pueblo de Israel, incluso en medio de grandes dificultades, lo convirtieron en un líder poderoso. Moisés siempre dirigió la gloria a Dios y sirvió con una profunda dependencia en Él.

Otro ejemplo es José, quien sirvió con fidelidad y humildad, incluso cuando fue traicionado y encarcelado injustamente. En lugar de amargarse o buscar venganza, José continuó sirviendo donde Dios lo había colocado, confiando en que el Señor estaba obrando en cada situación. En **Génesis 39:21**, se nos dice que *"Jehová estaba con José, y le extendió su misericordia, y le dio gracia en los ojos del jefe de la cárcel"*. La disposición de José a servir, incluso en la adversidad, lo llevó a ser elevado a una posición de gran responsabilidad en Egipto, donde finalmente fue usado por Dios para salvar a muchas personas.

El profeta Samuel es otro ejemplo de un líder que sirvió sin buscar reconocimiento personal. Desde su juventud, Samuel fue dedicado al servicio del Señor, y a lo largo de su vida, actuó como juez, profeta y líder en Israel. En **1 Samuel 3:10**, vemos su disposición a servir cuando respondió al llamado de Dios diciendo: *"Habla, porque tu* *siervo oye"*. Samuel sirvió a Dios y al pueblo de Israel con integridad y fidelidad, y nunca buscó exaltarse a sí mismo. Su vida fue un ejemplo de obediencia y servicio desinteresado a Dios.

Otro líder bíblico que sirvió con humildad fue Nehemías. Aunque era copero del rey en Persia, un puesto de gran influencia, Nehemías no permitió que su posición le impidiera servir a su pueblo. Cuando supo que los muros de Jerusalén estaban en ruinas, Nehemías dejó su cómodo puesto en la corte real y se dedicó a reconstruir la ciudad. En **Nehemías 2:17**, él dijo al pueblo: *"Vosotros veis el mal en que estamos, que Jerusalén está desierta, y sus puertas consumidas por el fuego; venid y edifiquemos el muro de Jerusalén, y no estemos más en oprobio"*. Nehemías trabajó codo a codo con el pueblo, mostrando que un verdadero líder está dispuesto a ensuciarse las manos por el bien de los demás.

En el Nuevo Testamento, el apóstol Pablo es un ejemplo de alguien que sirvió sin buscar reconocimiento. A pesar de ser un apóstol y fundador de muchas iglesias, Pablo siempre se consideró a sí mismo como un siervo de Cristo y de los demás. En **1 Corintios 9:19**, escribió: *"Por lo cual, siendo libre de todos, me he hecho siervo de todos para ganar a mayor número"*. Pablo dedicó su vida al servicio del Evangelio, enfrentando persecuciones, encarcelamientos y dificultades, pero nunca buscó gloria para sí mismo. Su deseo era que Cristo fuera exaltado y que otros llegaran a conocer la salvación en Jesús.

Finalmente, Timoteo es otro ejemplo de un líder que sirvió con humildad. Aunque era joven y enfrentaba muchos desafíos en el ministerio, Timoteo siempre estuvo dispuesto a servir donde fuera necesario. En **Filipenses 2:20-21**, Pablo escribió: *"Porque a ninguno tengo del mismo ánimo, y que tan sinceramente se interese por vosotros. Porque todos buscan lo suyo propio, no lo que es de Cristo Jesús"*.

Timoteo se distinguió por su disposición a poner las necesidades de los demás por encima de las suyas, mostrando el corazón de un verdadero siervo de Cristo.

Conclusión

El llamado a servir es uno de los aspectos más esenciales del discipulado cristiano. Jesús, nuestro Salvador y ejemplo supremo, nos mostró que la verdadera grandeza se encuentra en la disposición a humillarse y a servir a los demás. A través del servicio, reflejamos el carácter de Cristo y extendemos Su amor a un mundo necesitado. El servicio no es solo una acción externa, sino una actitud interna que surge de un corazón transformado por el amor de Dios.

Como discípulos de Cristo, estamos llamados a seguir Su ejemplo, desarrollando un corazón siervo que se deleita en poner las necesidades de los demás por encima de las nuestras. No servimos para ganar reconocimiento o aprobación, sino para glorificar a Dios y edificar a Su pueblo. A través del servicio, no solo bendecimos a los demás, sino que también experimentamos un crecimiento espiritual profundo y una comunión más cercana con nuestro Señor. La vida de servicio es una vida plena, porque en servir a los demás, encontramos nuestro verdadero propósito y reflejamos el amor de Cristo en el mundo.

Capítulo 9

Persecución y Rechazo: El Camino del Discípulo

Introducción

La persecución y el rechazo han sido una realidad constante para los seguidores de Cristo desde los inicios del cristianismo. Jesús no dejó lugar a dudas sobre este aspecto cuando dijo: *"Acordaos de la palabra que yo os he dicho: El siervo no es mayor que su señor. Si a mí me han perseguido, también a vosotros os perseguirán"* (**Juan 15:20**). Ser discípulo de Cristo implica vivir en oposición al sistema del mundo, y esa oposición a menudo se manifiesta en persecución, rechazo e incomprensión. Este sufrimiento es parte del costo de seguir a Jesús, pero es un costo que estamos llamados a aceptar con valor y confianza en las promesas de Dios.

Aunque la persecución puede tomar muchas formas, desde burlas y rechazo social hasta encarcelamiento y martirio, los discípulos de Cristo encuentran consuelo en las promesas de Dios. Jesús nos aseguró que, aunque enfrentaríamos aflicciones en este mundo, Él ha vencido al mundo (**Juan 16:33**). En este capítulo, exploraremos tres aspectos del camino del discípulo en medio de la persecución y el rechazo: primero, cómo enfrentar la persecución y el rechazo por causa del Evangelio; segundo, las promesas de Jesús para aquellos que son perseguidos; y tercero, ejemplos de la iglesia primitiva y su resistencia frente al rechazo.

Cómo Enfrentar la Persecución y el Rechazo por Causa del Evangelio

Enfrentar la persecución y el rechazo no es fácil, pero es una parte integral del discipulado cristiano. Jesús nos advirtió que seguirlo significaría ir en contra del flujo del mundo. En **Mateo 5:10-12**, Jesús pronunció una bendición sobre aquellos que son perseguidos por causa de la justicia, diciendo: *"Bienaventurados los que padecen persecución por causa de la justicia, porque de ellos es el reino de los cielos. Bienaventurados sois cuando por mi causa os vituperen y os persigan, y digan toda clase de mal contra vosotros, mintiendo. Gozaos y alegraos, porque vuestro galardón es grande en los cielos".* Aunque la persecución trae dolor y sufrimiento, Jesús nos llama a alegrarnos en medio de ella, porque nuestra recompensa es grande en el cielo.

La primera clave para enfrentar la persecución es entender que no somos los primeros ni los únicos en experimentarla. A lo largo de la historia, los seguidores de Cristo han sido perseguidos, desde los apóstoles hasta los mártires de la iglesia primitiva y los cristianos que hoy enfrentan persecución en muchas partes del mundo. En **2 Timoteo 3:12**, Pablo dice: *"Y también todos los que quieren vivir piadosamente en Cristo Jesús padecerán persecución".* La persecución es una marca distintiva de los verdaderos discípulos de Cristo. Al recordar que somos parte de una larga línea de creyentes que han soportado el sufrimiento por su fe, encontramos fuerza para perseverar.

Otra forma de enfrentar la persecución es recordando que, cuando somos rechazados por el mundo, en realidad estamos siendo identificados con Cristo. En **Juan 15:18**, Jesús dijo: *"Si el mundo os aborrece, sabed que a mí me ha aborrecido antes que a vosotros".* Ser rechazados por causa del Evangelio es un honor, porque nos une a Cristo en Su sufrimiento. Pedro nos anima a no sorprendernos cuando enfrentamos pruebas, sino a *"gozarnos por cuanto sois participantes de los padecimientos de Cristo"* **(1 Pedro 4:13)**. Aunque el mundo pueda rechazarnos, tenemos la seguridad de que Dios nos acepta y nos recompensa por nuestra fidelidad.

La oración es otra herramienta poderosa para enfrentar la persecución. En **Hechos 4:29**, los primeros cristianos oraron: *"Y ahora, Señor, mira sus amenazas, y concede a tus siervos que con todo denuedo hablen tu palabra".* En lugar de pedir que la persecución cesara, oraron por valentía para continuar predicando el Evangelio. Cuando enfrentamos persecución, debemos acudir a Dios en oración, pidiendo fuerza, valentía y perseverancia para mantenernos fieles a nuestro llamado. La oración no solo nos fortalece, sino que también nos recuerda que Dios está con nosotros en medio de las pruebas y que Su gracia es suficiente para sostenernos.

Además, debemos aprender a amar y orar por aquellos que nos persiguen. Jesús nos enseñó a *"amar a vuestros enemigos, bendecid a los que os maldicen, haced bien a los que os aborrecen, y orad por los que os ultrajan y os persiguen"* **(Mateo 5:44)**. Este mandamiento es difícil, pero es fundamental para reflejar el carácter de Cristo. Al amar a nuestros enemigos y orar por ellos, no solo vencemos el mal con el bien (**Romanos 12:21**), sino que también abrimos la puerta para que Dios obre en sus corazones y les traiga salvación.

Finalmente, debemos mantener nuestra esperanza en las promesas de Dios. En **1 Pedro 5:10**, se nos asegura que *"después de que hayáis padecido un poco de tiempo, Él mismo os perfeccionará, afirmará, fortalecerá y establecerá".* La persecución es temporal, pero las promesas de Dios son eternas. Cuando mantenemos nuestra mirada en las recompensas eternas que nos esperan, podemos soportar las pruebas con paciencia y perseverancia. Sabemos que, aunque el mundo nos rechace, Dios está preparando una corona de gloria para aquellos que permanecen fieles hasta el final.

Las Promesas de Jesús para Aquellos que Son Perseguidos

Jesús no solo nos advirtió sobre la persecución que enfrentaríamos, sino que también nos dio promesas preciosas para aquellos que sufren por Su causa. Una de las promesas más significativas es que seremos recompensados en el cielo. En **Mateo 5:12**, Jesús dijo: *"Gozaos y alegraos, porque vuestro galardón es grande en los cielos"*. Aunque la persecución trae sufrimiento temporal, Jesús nos asegura que hay una recompensa eterna esperándonos en el cielo. Esta promesa nos da la fuerza para soportar las pruebas, sabiendo que nuestras dificultades no son en vano.

Otra promesa es que Jesús está con nosotros en medio de la persecución. En **Mateo 28:20**, Jesús prometió: *"He aquí, yo estoy con vosotros todos los días, hasta el fin del mundo"*. Esta promesa nos da una profunda seguridad, sabiendo que no enfrentamos la persecución solos. Jesús, quien experimentó el rechazo y la persecución en su forma más intensa, está con nosotros en cada momento de nuestra lucha. Su presencia nos fortalece y nos consuela, recordándonos que Él es nuestro refugio y nuestro defensor.

Jesús también prometió que, aunque seamos rechazados por el mundo, seremos aceptados y honrados por el Padre. En **Mateo 10:32-33**, Jesús dijo: *"A cualquiera, pues, que me confiese delante de los hombres, yo también le confesaré delante de mi Padre que está en los cielos; y a cualquiera que me niegue delante de los hombres, yo también le negaré delante de mi Padre que está en los cielos"*. Esta promesa nos asegura que, cuando somos fieles a Cristo, Él intercede por nosotros ante el Padre, y somos honrados en la presencia de Dios, aunque el mundo nos desprecie.

Una de las promesas más reconfortantes es que la persecución es un medio por el cual Dios nos fortalece y nos purifica. En **Santiago 1:2-4**, se nos exhorta a tener *"gozo cuando os halléis en diversas pruebas, sabiendo que la prueba de vuestra fe produce paciencia"*. Dios usa la persecución para perfeccionar nuestro carácter y aumentar nuestra dependencia de Él. Aunque la persecución puede ser dolorosa, es una oportunidad para crecer en fe, perseverancia y madurez espiritual. Cada prueba que enfrentamos nos acerca más a la imagen de Cristo y nos prepara para la gloria que vendrá.

Jesús también prometió que, a pesar de la persecución, Su Reino prevalecerá. En **Mateo 16:18**, dijo: *"Edificaré mi iglesia; y las puertas del Hades no prevalecerán contra ella"*. Aunque los seguidores de Cristo enfrentan oposición y persecución en este mundo, el Reino de Dios avanza con poder. La iglesia ha soportado siglos de persecución, pero sigue creciendo y expandiéndose en todo el mundo. Esta promesa nos da confianza en que, aunque enfrentemos dificultades, estamos en el lado vencedor, y el Reino de Dios se establecerá plenamente en el regreso de Cristo.

Finalmente, Jesús nos prometió que aquellos que son fieles hasta el final recibirán la corona de vida. En **Apocalipsis 2:10**, se nos dice: *"Sé fiel hasta la muerte, y yo te daré la corona de la vida"*. Esta promesa nos anima a perseverar en medio de la persecución, sabiendo que hay una recompensa eterna para aquellos que permanecen fieles. Aunque el mundo pueda quitarnos nuestra comodidad, nuestro estatus o incluso nuestras vidas, no puede quitarnos la vida eterna que Jesús ha asegurado para nosotros. Esta esperanza nos da fuerza para seguir adelante, confiando en las promesas de nuestro Salvador.

Ejemplos de la Iglesia Primitiva y Su Resistencia Frente al Rechazo

La iglesia primitiva es un testimonio poderoso de cómo los seguidores de Cristo pueden resistir la persecución y el rechazo con valentía y fe. Desde sus inicios, la iglesia enfrentó una intensa oposición tanto de las autoridades religiosas como del Imperio Romano. Sin embargo, a pesar de la persecución, los primeros cristianos permanecieron fieles a su llamado y continuaron predicando el Evangelio con valentía. En **Hechos 5:41**, se nos dice que los apóstoles, después de ser azotados y amenazados, *"salieron de la presencia del concilio, gozosos de haber sido tenidos por dignos de padecer afrenta por causa del Nombre"*. Su gozo en medio del sufrimiento es un ejemplo de la fortaleza y el valor que Dios concede a Sus siervos fieles.

Uno de los ejemplos más inspiradores de la resistencia de la iglesia primitiva es Esteban, el primer mártir cristiano. En **Hechos 7**, Esteban fue llevado ante el concilio y, a pesar de las acusaciones en su contra, predicó con valentía la verdad del Evangelio. Mientras era apedreado, Esteban oró: "Señor, no les tomes en cuenta este pecado" (**Hechos 7:60**), mostrando un corazón lleno de gracia y amor, incluso hacia sus enemigos. Su muerte no fue en vano, ya que su testimonio dejó una marca profunda en Saulo de Tarso, quien más tarde se convertiría en el apóstol Pablo.

Otro ejemplo notable es el del apóstol Pedro, quien fue encarcelado varias veces por predicar el Evangelio. En **Hechos 12**, se nos cuenta cómo Pedro fue arrestado y colocado bajo fuerte custodia, pero *"la iglesia hacía sin cesar oración a Dios por él"* (**Hechos 12:5**). A través de la oración, Dios intervino y liberó a Pedro milagrosamente de la prisión. Este episodio nos recuerda que, aunque la persecución es real, el poder de Dios es aún más grande, y Él puede intervenir de maneras sorprendentes para proteger y liberar a Sus siervos.

Pablo es otro ejemplo de un líder de la iglesia primitiva que enfrentó una tremenda persecución, pero permaneció fiel a su llamado. En **2 Corintios 11:23-28**, Pablo describe algunas de las pruebas que enfrentó, incluyendo encarcelamientos, azotes, naufragios y peligros constantes. Sin embargo, a pesar de todo lo que sufrió, Pablo nunca dejó de predicar el Evangelio ni de servir a las iglesias. En **2 Timoteo 4:7**, Pablo dijo: *"He peleado la buena batalla, he acabado la carrera, he guardado la fe"*. Su vida es un testimonio de la perseverancia en medio de la persecución y del gozo que se encuentra en servir a Cristo, incluso en las circunstancias más difíciles.

El apóstol Juan es otro ejemplo notable de la persecución sufrida por los primeros discípulos. Aunque no murió como mártir, Juan fue exiliado a la isla de Patmos debido a su predicación del Evangelio y su testimonio fiel de Cristo. En **Apocalipsis 1:9**, Juan escribe: *"Yo Juan, vuestro hermano, y copartícipe vuestro en la tribulación, en el reino y en la paciencia de Jesucristo, estaba en la isla llamada Patmos, por causa de la palabra de Dios y el testimonio de Jesucristo"*. A pesar de estar en un lugar de aislamiento y destierro, Juan recibió una de las revelaciones más poderosas en la historia de la iglesia: la visión del Apocalipsis. Su ejemplo nos enseña que, incluso en medio de la persecución y el aislamiento, Dios sigue obrando y revelando Sus propósitos a aquellos que permanecen fieles.

Finalmente, los mártires de la iglesia primitiva, como los mencionados anteriormente, inspiran a los creyentes a ser fieles hasta el final. La disposición de los apóstoles y los primeros cristianos a sufrir persecución y hasta la muerte por causa de Cristo es un testimonio que ha perdurado a lo largo de los siglos. Estos hombres y mujeres vieron el rechazo y la persecución no como una derrota, sino como una oportunidad para glorificar a Dios y testificar del poder del Evangelio. Hoy, sus vidas nos recuerdan que el llamado a seguir a Cristo a menudo implica enfrentar oposición, pero que las recompensas eternas superan con creces el sufrimiento temporal.

Conclusión

El camino del discípulo de Cristo está marcado por la persecución y el rechazo, pero también está lleno de las promesas de Dios y del consuelo de Su presencia. A lo largo de la historia, los seguidores de Jesús han enfrentado la oposición del mundo, pero han permanecido fieles a su llamado, confiando en que Dios es fiel para recompensar a aquellos que perseveran. Aunque la persecución trae dolor, también trae bendiciones y una mayor comunión con Cristo, quien sufrió por nosotros y nos dejó el ejemplo a seguir.

Como discípulos, estamos llamados a enfrentar la persecución con valentía, amor y oración, confiando en las promesas de Dios y en la recompensa que nos espera en el cielo. Aunque el mundo nos rechace, sabemos que somos aceptados por Dios, y que nuestras tribulaciones no son en vano. La fidelidad en medio de la persecución no solo glorifica a Dios, sino que también fortalece nuestra fe y nos prepara para la gloria eterna. El llamado de Cristo es claro: ***"Sé fiel hasta la muerte, y yo te daré la corona de la vida"*** **(Apocalipsis 2:10)**.

Capítulo 10

Renunciar a Todo: El Testimonio de los Apóstoles

Introducción

El llamado a seguir a Cristo no es un compromiso a medias ni una simple afiliación religiosa; es una invitación radical a renunciar a todo por amor a Jesús. En **Lucas 14:33**, Jesús dijo: *"Así, pues, cualquiera de vosotros que no renuncia a todo lo que posee, no puede ser mi discípulo".* Esta afirmación desafiante nos muestra que el discipulado verdadero requiere una entrega completa, donde Cristo se convierte en nuestra prioridad suprema, por encima de nuestras posesiones, relaciones y deseos personales. El llamado a renunciar a todo no es una sugerencia, sino una demanda ineludible para aquellos que desean seguir a Cristo.

El ejemplo más claro de lo que significa renunciar a todo lo encontramos en los apóstoles, quienes dejaron sus hogares, trabajos y familias para seguir a Jesús. Su disposición a abandonar todo por el Reino de Dios es un testimonio poderoso de lo que significa el discipulado radical. En este capítulo, exploraremos tres aspectos clave del llamado a renunciar a todo: primero, cómo los apóstoles dejaron todo para seguir a Jesús; segundo, reflexiones sobre lo que significa renunciar a lo material, emocional y espiritual por el Reino de Dios; y tercero, ejemplos modernos de personas que lo han hecho.

Cómo los Apóstoles Dejaron Todo para Seguir a Jesús

Los apóstoles de Jesús nos muestran lo que significa renunciar a todo por el Reino de Dios. En **Lucas 5:11**, se nos dice que Pedro, Andrés, Santiago y Juan *"dejaron todo, y le siguieron"*. Estos hombres eran pescadores con familias y medios de vida establecidos, pero cuando Jesús los llamó, no dudaron en abandonar sus redes y barcas para seguirlo. La decisión de los apóstoles fue radical, ya que implicaba dejar atrás no solo su sustento económico, sino también la seguridad y estabilidad de sus vidas. Este acto de obediencia muestra que seguir a Jesús requiere una entrega total y una disposición a confiar plenamente en Él para nuestras necesidades.

La llamada de Mateo, el recaudador de impuestos, es otro ejemplo de alguien que renunció a todo por seguir a Jesús. En **Mateo 9:9**, se nos dice que *"vio a un hombre llamado Mateo, que estaba sentado al banco de los tributos públicos; y le dijo: Sígueme. Y se levantó y le siguió"*. Mateo tenía una posición lucrativa como recaudador de impuestos, pero dejó todo para seguir a Cristo. Su disposición a renunciar a una carrera cómoda y a una vida de riqueza demuestra que el llamado a seguir a Jesús implica estar dispuesto a sacrificar incluso las cosas que el mundo considera más valiosas.

Otro ejemplo inspirador es el de Eliseo, quien dejó su vida como agricultor para seguir al profeta Elías. En **1 Reyes 19:19-21**, Elías arrojó su manto sobre Eliseo, lo cual simbolizaba el llamado de Dios sobre su vida. Eliseo respondió sacrificando los bueyes con los que trabajaba y quemando el equipo de labranza, mostrando así su total renuncia a su antigua vida para seguir el llamado profético. Su disposición a dejar todo detrás es un ejemplo poderoso de cómo el llamado de Dios puede requerir que abandonemos incluso nuestras ocupaciones y relaciones más preciadas para cumplir Su propósito.

Abraham es otro ejemplo notable en las Escrituras, quien obedeció el llamado de Dios para dejar su tierra, su parentela y la casa de su padre, sin saber exactamente a dónde iba **(Génesis 12:1)**. Abraham dejó una vida cómoda y estable en Ur de los caldeos para seguir la promesa de Dios hacia una tierra desconocida. Su fe y obediencia lo convirtieron en el "padre de la fe", y su disposición a renunciar a todo para seguir a Dios es un testimonio clave para todos los creyentes. El sacrificio que Abraham hizo al dejar todo es un recordatorio de que el llamado de Dios siempre exige fe, y a menudo implica dejar atrás lo conocido y cómodo.

Moisés también es un ejemplo de alguien que renunció a una vida cómoda para seguir el llamado de Dios. Aunque había sido criado en el palacio del faraón, Moisés eligió identificarse con los israelitas, los esclavos de Egipto, y finalmente los guió hacia la libertad. **Hebreos 11:24-26** dice: ***"Por la fe Moisés, hecho ya grande, rehusó llamarse hijo de la hija de Faraón, escogiendo antes ser maltratado con el pueblo de Dios que gozar de los deleites temporales del pecado"***. Moisés renunció al poder, las riquezas y los privilegios del palacio para cumplir la misión que Dios le había dado, un ejemplo claro de cómo el llamado de Dios nos exige renunciar a todo por Su causa.

Finalmente, el apóstol Pablo también nos muestra el costo de seguir a Cristo. Antes de su conversión, Pablo era un fariseo con una educación prestigiosa y una posición elevada dentro del judaísmo. Sin embargo, después de su encuentro con Jesús en el camino a Damasco, Pablo consideró todo lo que antes valoraba como "basura" en comparación con la excelencia de conocer a Cristo **(Filipenses 3:8)**. A partir de ese momento, Pablo renunció a su estatus y ambiciones terrenales para dedicarse completamente al servicio de Cristo, viajando, predicando y sufriendo por el Evangelio hasta el final de su vida.

Reflexiones sobre lo que Significa Renunciar a lo Material, Emocional y Espiritual por el Reino de Dios

Renunciar a todo por Cristo no se trata solo de dejar nuestras posesiones materiales; implica una entrega total de todas las áreas de nuestra vida. En primer lugar, renunciar a lo material significa que estamos dispuestos a sacrificar nuestras posesiones, nuestra comodidad y nuestra seguridad económica por amor a Cristo. En **Marcos 10:21**, Jesús le dijo al joven rico: *"Anda, vende todo lo que tienes, y dalo a los pobres, y tendrás tesoro en el cielo; y ven, sígueme, tomando tu cruz"*. Aunque el joven rico no estuvo dispuesto a hacer ese sacrificio, Jesús nos llama a estar dispuestos a ponerlo a Él por encima de cualquier posesión material. Este tipo de renuncia nos desafía a confiar completamente en Dios como nuestro proveedor, sabiendo que Él suplirá todas nuestras necesidades según Su riqueza en gloria (**Filipenses 4:19**).

Renunciar a lo material también implica aprender a vivir con contentamiento, independientemente de nuestras circunstancias económicas. En **Filipenses 4:12-13**, Pablo dijo: *"Sé vivir humildemente, y sé tener abundancia; en todo y por todo estoy enseñado, así para estar saciado como para tener hambre, así para tener abundancia como para padecer necesidad. Todo lo puedo en Cristo que me fortalece"*. Este pasaje nos muestra que el contentamiento no depende de lo que poseemos, sino de nuestra confianza en Cristo. Renunciar a lo material significa estar dispuestos a vivir con menos, si eso es lo que Dios requiere de nosotros, y encontrar nuestra satisfacción en Él, no en las cosas de este mundo.

En segundo lugar, renunciar a lo emocional significa que estamos dispuestos a entregar nuestras relaciones y deseos personales a Dios. En **Lucas 14:26**, Jesús dijo: *"Si alguno viene a mí, y no aborrece a su padre, y madre, y mujer, e hijos, y hermanos, y hermanas, y aun también su propia vida, no puede ser mi discípulo".* Aunque este pasaje puede parecer duro, Jesús no está llamándonos a odiar a nuestros seres queridos, sino a ponerlo a Él por encima de todas nuestras relaciones. Seguir a Cristo puede significar enfrentar la oposición de nuestras familias o amigos, o tener que elegir entre nuestras relaciones y nuestra lealtad a Cristo. Esta renuncia emocional es difícil, pero es esencial para ser verdaderos discípulos de Jesús.

Renunciar a lo emocional también implica confiar en que Dios tiene un plan perfecto para nuestras vidas, incluso cuando nuestras emociones nos empujan en otra dirección. A menudo, nuestros deseos y emociones nos llevan a buscar nuestra propia satisfacción y felicidad, pero Jesús nos llama a entregar esos deseos a Él y confiar en que Su plan es mejor que el nuestro. En **Salmo 37:4**, se nos dice: *"Deléitate asimismo en Jehová, y él te concederá las peticiones de tu corazón".* Cuando entregamos nuestras emociones y deseos a Dios, descubrimos que Su voluntad es perfecta y que Él nos bendecirá de maneras que van más allá de lo que podríamos imaginar.

Finalmente, renunciar a lo espiritual significa que estamos dispuestos a entregar nuestras ambiciones y sueños espirituales a Dios. A veces, incluso en el ámbito espiritual, podemos tener deseos egoístas o ambiciones que no están alineadas con el plan de Dios para nuestras vidas. En **Gálatas 2:20**, Pablo declaró: *"Con Cristo estoy juntamente crucificado, y ya no vivo yo, más vive Cristo en mí".* Renunciar a lo espiritual significa estar dispuestos a morir a nosotros mismos y a nuestras ambiciones, permitiendo que Cristo viva y obre a través de nosotros. Este es un acto de rendición total, donde confiamos en que los planes de Dios son mejores que los nuestros, incluso en el ámbito espiritual.

Renunciar a lo espiritual también significa que estamos dispuestos a abrazar el sufrimiento y el sacrificio por el Reino de Dios. En **Romanos 12:1**, se nos exhorta a presentar nuestros cuerpos *"en sacrificio vivo, santo, agradable a Dios"*. Este llamado a ser un sacrificio vivo implica una disposición a sufrir por causa de Cristo y a sacrificar nuestras comodidades, deseos y planes por el bien del Evangelio. Aunque el sacrificio es doloroso, también es la vía hacia la verdadera libertad en Cristo, porque cuando morimos a nosotros mismos, experimentamos la vida abundante que Él nos ha prometido.

Finalmente, renunciar a todo por Cristo es un llamado a la obediencia total. En **Juan 14:15**, Jesús dijo: *"Si me amáis, guardad mis mandamientos"*. La obediencia es la marca de un verdadero discípulo, y renunciar a todo significa que estamos dispuestos a obedecer a Cristo en cada área de nuestras vidas, incluso cuando no entendemos Su plan o cuando Su voluntad va en contra de nuestros deseos. Esta obediencia radical es el fruto de una relación profunda con Cristo, donde confiamos en que Él es nuestro Señor y Salvador, y que Su voluntad es siempre para nuestro bien.

Ejemplos Modernos de Personas que lo Han Hecho

Un ejemplo moderno es el de Hudson Taylor, un misionero británico que renunció a su vida en Inglaterra para llevar el Evangelio a China en el siglo XIX. Taylor adoptó el estilo de vida y las vestimentas chinas, algo revolucionario en su tiempo, para identificarse con el pueblo chino y así ganar su confianza. Aunque enfrentó enfermedades, la muerte de seres queridos y muchas dificultades financieras, Hudson Taylor nunca dejó de confiar en la provisión de Dios y en el llamado a servir en China. Su vida es un testimonio del sacrificio y la entrega total por amor al Reino.

Taylor fundó la Misión al Interior de China, que envió a cientos de misioneros a las áreas más remotas de ese país, enfrentando enormes riesgos. A lo largo de su vida, vio milagros financieros y espirituales mientras confiaba completamente en Dios para suplir cada necesidad de su ministerio. Aunque perdió a varios hijos y enfrentó oposición tanto dentro como fuera de la iglesia, nunca dejó de seguir el llamado de Dios. Para él, la renuncia a todo lo terrenal fue la clave para un ministerio que aún hoy sigue influyendo en la evangelización de China.

Otro ejemplo es el de Lottie Moon, una misionera bautista estadounidense que sirvió en China durante casi 40 años. Lottie dejó atrás su hogar y su familia para vivir entre el pueblo chino, sirviéndoles en tiempos de hambruna y guerra. Durante una crisis de hambre, compartió su propia comida con los necesitados hasta que su salud comenzó a declinar gravemente. Lottie falleció por desnutrición mientras servía a los chinos, pero su legado sigue vivo a través de la "Ofrenda Lottie Moon", que apoya las misiones en todo el mundo. Su vida refleja lo que significa entregar todo, incluso la propia vida, por el amor a Cristo y a los demás.

En tiempos más recientes, Heidi Baker, una misionera en Mozambique, renunció a una vida cómoda para servir en uno de los países más pobres del mundo. Junto con su esposo, fundó Iris Global, un ministerio que ha plantado miles de iglesias y que atiende a huérfanos y personas marginadas. Heidi ha enfrentado enfermedades, guerras civiles y persecución, pero nunca ha abandonado su llamado a seguir a Cristo entre los más pobres. Su vida es un ejemplo de lo que significa renunciar no solo a las comodidades materiales, sino también a la seguridad personal para llevar el Evangelio a lugares difíciles.

Heidi ha visto milagros extraordinarios en su ministerio, desde sanidades hasta la multiplicación de alimentos para alimentar a miles. Pero lo que destaca en su vida es su dedicación al amor incondicional. Heidi predica y vive un evangelio radical de amor y compasión, demostrando que seguir a Cristo significa también cuidar de las necesidades físicas y emocionales de los demás. La disposición de Heidi a renunciar a todo y confiar en la provisión y protección de Dios la ha llevado a impactar a millones de vidas en Mozambique y más allá.

Otro ejemplo contemporáneo es el de Brother Yun, conocido como "El hombre celestial", un cristiano chino que ha sufrido intensas persecuciones por su fe. Arrestado y encarcelado varias veces, Yun fue torturado, pero nunca renunció a su fe. En medio de su encarcelamiento, predicaba el Evangelio y seguía confiando en Dios. Su historia es un testimonio de cómo, incluso cuando se renuncia a la libertad física, Dios utiliza la disposición a sufrir por Su causa para llevar Su mensaje a lugares donde otros no pueden llegar.

Finalmente, Jackie Pullinger, una misionera británica en Hong Kong, dejó su vida segura en Inglaterra para trabajar entre los adictos y marginados en uno de los barrios más peligrosos del mundo. A través de su ministerio, miles de personas han sido liberadas de la adicción a las drogas y han llegado a conocer a Cristo. Jackie ha renunciado a toda seguridad personal y comodidad para vivir en completa dependencia de Dios. Su vida es un testimonio de que el verdadero sacrificio por Cristo no siempre es reconocido por el mundo, pero tiene un impacto eterno en el Reino de Dios.

Conclusión

Renunciar a todo por Cristo es una de las demandas más difíciles del discipulado, pero también es una de las más gratificantes. A lo largo de la historia, tanto los apóstoles como innumerables creyentes han demostrado que el costo de seguir a Cristo vale más que cualquier cosa que el mundo pueda ofrecer. El llamado a renunciar a lo material, emocional y espiritual por el Reino de Dios es un llamado a confiar plenamente en el Señor y a vivir una vida de obediencia radical y sacrificio.

Aunque la renuncia puede parecer dolorosa o costosa en el momento, las recompensas eternas que Dios ha prometido a Sus seguidores superan cualquier sacrificio que podamos hacer. Los ejemplos de los apóstoles y de los creyentes modernos nos inspiran a vivir una vida de total entrega a Cristo, sabiendo que todo lo que renunciamos por Su causa será recompensado abundantemente en el Reino de los cielos. Como discípulos de Cristo, estamos llamados a seguir Su ejemplo, renunciando a todo lo que nos impida cumplir nuestro llamado y confiando en que Él es fiel para proveer y bendecirnos más allá de lo que podemos imaginar.

Capítulo 11

La Muerte al Yo: Vivir para Cristo

Introducción

El llamado de Cristo a sus discípulos no es solo una invitación a seguirlo, sino también un mandato a morir al "yo". Jesús lo dijo claramente en Lucas 9:23: "Si alguno quiere venir en pos de mí, niéguese a sí mismo, tome su cruz cada día, y sígame". Este mandato de tomar la cruz cada día significa más que enfrentar dificultades; implica una muerte diaria a nuestras ambiciones, deseos y voluntad para que Cristo viva en nosotros. El apóstol Pablo expresó este principio en **Gálatas 2:20** cuando dijo: *"Con Cristo estoy juntamente crucificado, y ya no vivo yo, mas vive Cristo en mí"*. Morir al "yo" es un proceso continuo que transforma nuestra vida, nos libera del egoísmo y nos lleva a vivir en plena dependencia de Cristo.

Morir al "yo" no es un sacrificio vacío, sino una vía hacia una vida de propósito, libertad y plenitud en Cristo. Mientras más rendimos nuestras vidas a Cristo, más nos llenamos de Su presencia y poder. En este capítulo, exploraremos tres aspectos clave de lo que significa morir al "yo" y vivir para Cristo: primero, la transformación que ocurre cuando renunciamos a nuestros deseos carnales; segundo, la vida según el Espíritu versus la vida según la carne; y tercero, el proceso continuo de morir al "yo" para reflejar la imagen de Cristo.

La Transformación que Ocurre Cuando Renunciamos a Nuestros Deseos Carnales

La muerte al "yo" comienza con la renuncia a nuestros deseos carnales. En **Romanos 8:13**, Pablo escribe: *"Porque si vivís conforme a la carne, moriréis; más si por el Espíritu hacéis morir las obras de la carne, viviréis".* Este versículo resalta la importancia de abandonar una vida controlada por nuestros impulsos y deseos carnales, y en su lugar, vivir conforme al Espíritu. La carne, que representa nuestra naturaleza pecaminosa, constantemente busca satisfacer los deseos egoístas y desobedecer a Dios. Sin embargo, al rendirnos a Cristo, experimentamos una transformación interna que nos libera de la esclavitud de la carne y nos capacita para vivir una vida de santidad y obediencia.

Esta transformación no ocurre de manera automática; requiere una decisión consciente de someternos a Cristo diariamente. En **Efesios 4:22-24**, Pablo nos exhorta a *"despojaos del viejo hombre, que está viciado conforme a los deseos engañosos, y renovaos en el espíritu de vuestra mente, y vestíos del nuevo hombre, creado según Dios en la justicia y santidad de la verdad".* El "viejo hombre" es nuestra naturaleza carnal, la cual debe ser despojada constantemente a través de la obra del Espíritu Santo. Cuando renunciamos a nuestros deseos carnales, permitimos que el "nuevo hombre" en Cristo tome control de nuestras vidas, lo que resulta en una transformación visible en nuestro carácter, actitudes y acciones.

El proceso de morir al "yo" también implica una batalla constante contra los deseos de la carne. En **Gálatas 5:17**, se nos dice que *"el deseo de la carne es contra el Espíritu, y el del Espíritu es contra la carne".* Esta lucha es parte de la vida cristiana, pero la buena noticia es que, a través del Espíritu Santo, tenemos el poder para vencer la carne. Al depender del Espíritu, experimentamos la libertad de vivir en obediencia a Dios, en lugar de ser esclavos de nuestros impulsos carnales. La transformación ocurre cuando dejamos que el Espíritu guíe nuestras decisiones y acciones, en lugar de ceder a los deseos de la carne.

Morir al "yo" también significa renunciar a la búsqueda de la autoexaltación. En **Filipenses 2:3**, Pablo nos exhorta: *"Nada hagáis por contienda o por vanagloria; antes bien con humildad, estimando cada uno a los demás como superiores a él mismo".* La carne nos lleva a buscar el reconocimiento y la gloria personal, pero el llamado de Cristo es a vivir en humildad y servicio a los demás. Cuando renunciamos a la necesidad de exaltarnos a nosotros mismos, abrimos la puerta para que Dios sea exaltado en nuestras vidas. Esta es la verdadera transformación que ocurre cuando morimos al "yo": dejamos de buscar nuestra propia gloria y comenzamos a vivir para la gloria de Dios.

Además, la muerte al "yo" nos lleva a renunciar al control de nuestras propias vidas. En **Proverbios 3:5-6**, se nos dice: *"Fíate de Jehová de todo tu corazón, y no te apoyes en tu propia prudencia. Reconócelo en todos tus caminos, y él enderezará tus veredas".* El egoísmo nos impulsa a querer controlar nuestras circunstancias y decisiones, pero morir al "yo" significa confiar en la dirección de Dios y rendirle el control total de nuestras vidas. Esta renuncia al control no es una señal de debilidad, sino de confianza plena en la sabiduría y el plan de Dios para nuestras vidas.

Finalmente, la transformación que ocurre cuando morimos al "yo" se manifiesta en una vida de servicio desinteresado. En **Mateo 20:28**, Jesús dijo: *"El Hijo del Hombre no vino para ser servido, sino para servir, y para dar su vida en rescate por muchos".* Cuando seguimos el ejemplo de Jesús y morimos a nuestros propios deseos, encontramos la libertad para servir a los demás con amor y humildad. Esta transformación nos permite reflejar el carácter de Cristo en nuestras relaciones y en nuestras acciones, mostrando al mundo lo que significa verdaderamente vivir para Cristo.

La Vida Según el Espíritu vs. La Vida Según la Carne

Una de las claves para entender lo que significa morir al "yo" es comprender la diferencia entre vivir según el Espíritu y vivir según la carne. En **Romanos 8:5-6**, Pablo nos dice: *"Porque los que son de la carne piensan en las cosas de la carne; pero los que son del Espíritu, en las cosas del Espíritu. Porque el ocuparse de la carne es muerte, pero el ocuparse del Espíritu es vida y paz".* Este pasaje nos muestra que vivir según la carne conduce a la muerte espiritual, mientras que vivir según el Espíritu trae vida y paz. La vida según la carne está centrada en los deseos egoístas y temporales, mientras que la vida según el Espíritu está enfocada en las cosas eternas y en agradar a Dios.

Vivir según el Espíritu no es algo que podamos lograr por nuestras propias fuerzas; es un fruto de la obra del Espíritu Santo en nuestras vidas. En **Gálatas 5:16**, se nos exhorta a *"andar en el Espíritu, y no satisfagáis los deseos de la carne".* Esto significa que debemos depender del Espíritu Santo para guiar nuestras decisiones, pensamientos y acciones. Cuando vivimos según el Espíritu, experimentamos una transformación interna que nos capacita para vencer la carne y vivir en obediencia a Dios. Esta vida según el Espíritu nos da la fuerza para decir "no" a los deseos carnales y "sí" a la voluntad de Dios.

Una de las diferencias más notables entre la vida según la carne y la vida según el Espíritu es el fruto que producen. En **Gálatas 5:19-21**, Pablo describe las obras de la carne, que incluyen *"adulterio, fornicación, inmundicia, lascivia, idolatría, hechicerías, enemistades, pleitos, celos,* *iras, contiendas, disensiones, herejías, envidias, homicidios, borracheras, orgías, y cosas semejantes a estas"*. Estas obras de la carne son el resultado de vivir una vida controlada por los deseos egoístas y pecaminosos. Por el contrario, el fruto del Espíritu, descrito en **Gálatas 5:22-23**, incluye *"amor, gozo, paz, paciencia, benignidad, bondad, fe, mansedumbre, templanza"*. Estos frutos son el resultado de una vida rendida al Espíritu y reflejan el carácter de Cristo en nosotros.

Otra diferencia importante es que la vida según el Espíritu nos lleva a una mayor comunión con Dios, mientras que la vida según la carne nos aleja de Él. En **Romanos 8:8**, se nos dice que *"los que viven según la carne no pueden agradar a Dios"*. La carne es enemiga de Dios y siempre buscará rebelarse contra Su voluntad. Sin embargo, cuando vivimos según el Espíritu, entramos en una relación más profunda con Dios, porque estamos alineados con Su voluntad. Esta comunión con Dios nos llena de paz, gozo y propósito, mientras que la vida según la carne solo trae vacío y destrucción.

Vivir según el Espíritu también implica una mente renovada. En **Romanos 12:2**, Pablo nos exhorta a *"no os conforméis a este siglo, sino transformaos por medio de la renovación de vuestro entendimiento"*. La vida según la carne está conformada a los valores y deseos del mundo, mientras que la vida según el Espíritu está alineada con los pensamientos y propósitos de Dios. Cuando permitimos que el Espíritu renueve nuestra mente, somos transformados y capacitados para discernir la voluntad de Dios en nuestras vidas. Esta renovación mental nos permite ver el mundo desde la perspectiva de Dios y vivir de acuerdo con Sus principios.

Finalmente, vivir según el Espíritu nos lleva a una vida de libertad. En **Gálatas 5:1**, se nos dice: *"Estad, pues, firmes en la libertad con que Cristo nos hizo libres"*. La vida según la carne esclaviza, porque está controlada por los deseos egoístas y pecaminosos. Sin embargo, la vida según el Espíritu nos libera para vivir en obediencia a Dios y para cumplir Su propósito para nuestras vidas. Esta libertad no es una licencia para pecar, sino una libertad para vivir de acuerdo con la voluntad de Dios, libres de la condenación y el poder del pecado.

El Proceso Continuo de Morir al Yo para Reflejar la Imagen de Cristo

Morir al "yo" no es un evento de una sola vez, sino un proceso continuo que dura toda la vida. En **1 Corintios 15:31**, Pablo dijo: *"Os aseguro, hermanos, por la gloria que de vosotros tengo en nuestro Señor Jesucristo, que cada día muero"*. Este testimonio nos muestra que morir al "yo" es un acto diario de rendición a Cristo. Cada día enfrentamos la tentación de vivir para nosotros mismos, pero somos llamados a negarnos a nosotros mismos, tomar nuestra cruz y seguir a Cristo. Este proceso de morir al "yo" es doloroso, pero es necesario para que Cristo viva plenamente en nosotros y para que Su imagen sea reflejada a través de nuestras vidas.

El proceso de morir al "yo" implica una dependencia total del Espíritu Santo. En **2 Corintios 3:18**, Pablo nos dice que *"todos nosotros, mirando a cara descubierta como en un espejo la gloria del Señor, somos transformados de gloria en gloria en la misma imagen, como por el Espíritu del Señor"*. Esta transformación a la imagen de Cristo no es algo que podamos lograr por nuestras propias fuerzas; es obra del Espíritu Santo en nosotros. A medida que nos rendimos a Su obra en nuestras vidas, el Espíritu nos transforma de adentro hacia afuera, haciéndonos cada vez más parecidos a Cristo.

Este proceso de morir al "yo" también nos lleva a una mayor humildad. En Filipenses 2:5-8, Pablo nos exhorta a tener la misma actitud que tuvo Cristo, quien "se despojó a sí mismo, tomando forma de siervo". La muerte al "yo" implica un despojo de nuestro orgullo, nuestro ego y nuestras ambiciones personales. Como Cristo, somos llamados a humillarnos y a servir a los demás, poniendo sus necesidades por encima de las nuestras. Este acto de humildad es un reflejo del carácter de Cristo y es una de las marcas más claras de un verdadero discípulo.

Además, morir al "yo" nos lleva a una vida de sacrificio. En **Romanos 12:1**, se nos exhorta a presentar nuestros cuerpos *"en sacrificio vivo, santo, agradable a Dios".* La vida cristiana no se trata de buscar nuestra comodidad o satisfacción personal, sino de ofrecer nuestras vidas como un sacrificio a Dios. Este sacrificio implica renunciar a nuestros deseos, nuestras ambiciones y nuestro tiempo por el bien del Reino de Dios. Aunque el sacrificio es costoso, es a través de él que experimentamos la plenitud de la vida en Cristo.

Morir al "yo" también nos lleva a una vida de dependencia total en Dios. En **Juan 15:5**, Jesús dijo: *"Yo soy la vid, vosotros los pámpanos; el que permanece en mí, y yo en él, éste lleva mucho fruto; porque separados de mí nada podéis hacer".* La muerte al "yo" implica reconocer nuestra completa dependencia de Cristo. Sin Él, no podemos vivir la vida cristiana ni llevar fruto espiritual. Este reconocimiento nos lleva a una mayor comunión con Dios y a una vida de oración constante, donde buscamos Su guía y dirección en cada área de nuestras vidas.

Finalmente, el proceso de morir al "yo" nos prepara para la gloria eterna. En **2 Corintios 4:16-17**, Pablo escribió: *"Por tanto, no desmayamos; antes, aunque este nuestro hombre exterior se va desgastando, el interior no obstante se renueva de día en día. Porque esta leve tribulación* *momentánea produce en nosotros un cada vez más excelente y eterno peso de gloria"*. La muerte al "yo" no es en vano; está produciendo en nosotros una gloria eterna que superará cualquier sacrificio que hagamos en esta vida. Mientras más morimos a nosotros mismos, más nos preparamos para experimentar la gloria de Dios en la eternidad.

Conclusión

La muerte al "yo" es uno de los desafíos más grandes del discipulado cristiano, pero también es uno de los más transformadores. A través de este proceso, somos liberados de los deseos carnales, renovados por el Espíritu Santo y transformados a la imagen de Cristo. Aunque morir al "yo" implica sacrificio, sufrimiento y renuncia, también trae una vida de libertad, plenitud y comunión con Dios. Al rendir nuestras vidas a Cristo, descubrimos el verdadero propósito de nuestra existencia: vivir para Su gloria y reflejar Su amor y carácter al mundo.

Como discípulos de Cristo, estamos llamados a morir al "yo" cada día, confiando en que Dios está obrando en nosotros para hacernos más parecidos a Su Hijo. Aunque este proceso es continuo y a veces doloroso, las recompensas eternas que nos esperan superan con creces cualquier sacrificio temporal. Morir al "yo" es la clave para experimentar la vida abundante que Cristo nos ha prometido y para vivir en el poder y la plenitud del Espíritu Santo.

Capítulo 12

El Llamado de Hoy: Un Desafío a la Iglesia Moderna

Introducción

En la actualidad, la iglesia se enfrenta a un desafío significativo: mantener la pureza y el compromiso con el llamado radical de seguir a Cristo en un mundo que constantemente diluye el mensaje del Evangelio. Muchas iglesias modernas han suavizado el costo del discipulado, presentando una fe que no exige sacrificios ni renuncia. Sin embargo, el llamado de Cristo sigue siendo el mismo: negarse a uno mismo, cargar la cruz y seguirle. En un contexto en el que la comodidad, el éxito y la autoexaltación son altamente valorados, el mensaje de sacrificio y entrega total es más relevante que nunca. La iglesia necesita un despertar que la lleve de vuelta a las enseñanzas fundamentales de Jesús.

Este capítulo abordará tres aspectos cruciales para la iglesia moderna: primero, la necesidad de retomar el verdadero significado del discipulado, que incluye sacrificio y renuncia; segundo, el peligro de diluir el mensaje del Evangelio para atraer al mundo; y tercero, el desafío de vivir una fe más radical y comprometida, que refleje el verdadero costo de seguir a Cristo. Estos principios no solo son esenciales para el crecimiento espiritual, sino también para impactar al mundo con un Evangelio que transforma vidas desde sus cimientos.

El Verdadero Significado del Discipulado: Sacrificio y Renuncia

El discipulado según Jesús no es una invitación a una vida fácil o cómoda, sino un llamado a un sacrificio radical. En **Lucas 14:33**, Jesús dijo: *"Cualquiera de vosotros que no renuncia a todo lo que posee, no puede ser mi discípulo"*. Este pasaje nos recuerda que el costo de seguir a Cristo es alto, y que aquellos que desean ser sus discípulos deben estar dispuestos a sacrificar todo lo que tienen por Él. A lo largo de los Evangelios, vemos cómo Jesús continuamente desafió a sus seguidores a considerar el costo del discipulado, que incluye dejar atrás las posesiones, relaciones e incluso sus propias vidas. El verdadero discipulado implica una rendición completa.

En contraste, muchas iglesias modernas han presentado una versión del cristianismo que no exige renuncia ni sacrificio. Se ha promovido una fe centrada en la bendición personal, el bienestar y la prosperidad, donde el costo del discipulado a menudo se pasa por alto o se minimiza. Este enfoque distorsiona el mensaje de Jesús, quien nunca prometió una vida de comodidad, sino una vida marcada por la entrega total a la voluntad de Dios. El desafío para la iglesia moderna es recordar que el discipulado no es solo recibir, sino también dar, y que seguir a Cristo implica sacrificio en cada aspecto de nuestras vidas.

El sacrificio no se limita solo a las posesiones materiales, sino que incluye la entrega de nuestra voluntad y deseos personales. En **Marcos 8:34**, Jesús dijo: *"Si alguno quiere venir en pos de mí, niéguese a sí mismo, tome su cruz, y sígame"*. Este llamado a negarse a uno mismo es quizás el aspecto más difícil del discipulado, ya que va en contra de la naturaleza humana. El mundo moderno nos anima a buscar la autoexaltación, la realización personal y la independencia, pero el llamado de Cristo es a morir al "yo" y a seguirle, aun cuando esto signifique perder todo lo que consideramos valioso en esta vida.

Además, el verdadero discipulado implica estar dispuesto a sufrir por Cristo. En **2 Timoteo 3:12**, Pablo advierte: ***"Y también todos los que quieren vivir piadosamente en Cristo Jesús padecerán persecución"***. El sufrimiento es una parte inevitable de seguir a Cristo, ya que el Evangelio desafía los sistemas del mundo y enfrenta oposición. Sin embargo, el sufrimiento por Cristo no es en vano, ya que produce en nosotros un carácter más profundo y una fe más sólida. El problema es que muchos cristianos hoy en día buscan evitar el sufrimiento a toda costa, prefiriendo un cristianismo que no demande sacrificio, pero el verdadero discipulado no puede existir sin esta disposición a sufrir.

El ejemplo de los primeros discípulos, quienes dejaron todo por seguir a Jesús, debe servir como inspiración para la iglesia moderna. Estos hombres y mujeres renunciaron a sus trabajos, sus familias y sus sueños personales para dedicarse completamente a la misión de Cristo. En un mundo donde se valora tanto la seguridad y el éxito personal, el ejemplo de los apóstoles y otros discípulos que lo dejaron todo para seguir a Jesús es un recordatorio de que el llamado de Cristo siempre exige sacrificio y renuncia. El verdadero discipulado implica una entrega total y sin reservas.

Finalmente, el verdadero discipulado nos lleva a vivir para los demás. Jesús enseñó que el mayor en el Reino de los cielos es aquel que sirve a los demás (**Mateo 23:11**). La iglesia moderna necesita recuperar esta enseñanza y recordar que seguir a Cristo no es solo acerca de lo que podemos obtener, sino de lo que podemos dar. El discipulado nos llama a una vida de servicio, sacrificando nuestro tiempo, recursos y energía por el bien de los demás. Esta es la esencia del llamado de Cristo, y solo cuando la iglesia abrace nuevamente el sacrificio y la renuncia podrá impactar al mundo de manera poderosa.

El Peligro de Diluir el Mensaje del Evangelio

Uno de los mayores peligros que enfrenta la iglesia moderna es la tentación de diluir el mensaje del Evangelio para hacerlo más atractivo al mundo. En un esfuerzo por atraer a las masas, muchas iglesias han suavizado el costo del discipulado y han adoptado un mensaje que se enfoca más en la autoayuda y la prosperidad que en el llamado radical de Jesús. Esta tendencia ha llevado a una versión del cristianismo que está más centrada en el hombre que en Dios, donde la comodidad y el éxito personal se priorizan por encima del sacrificio y la santidad.

El apóstol Pablo advirtió sobre este peligro en **2 Timoteo 4:3-4**: *"Porque vendrá tiempo cuando no sufrirán la sana doctrina, sino que, teniendo comezón de oír, se amontonarán maestros conforme a sus propias concupiscencias, y apartarán de la verdad el oído y se volverán a las fábulas".* Hoy en día, vemos cómo muchos han dejado de predicar la cruz y el sacrificio, y en su lugar han presentado un Evangelio que se adapta a los deseos de la cultura. Sin embargo, diluir el mensaje del Evangelio es peligroso porque pierde su poder transformador. El verdadero Evangelio desafía al pecador, llama al arrepentimiento y exige un cambio de vida.

Otro peligro de diluir el Evangelio es que crea una falsa seguridad en los creyentes. Cuando el Evangelio se presenta sin el llamado al arrepentimiento, el sacrificio y la entrega total, las personas creen que pueden seguir a Cristo sin hacer cambios radicales en sus vidas. Esto no solo es peligroso para los individuos, sino también para la iglesia en su conjunto, ya que crea un cristianismo superficial que no tiene raíces profundas. Jesús advirtió sobre esto en la parábola del sembrador, donde las semillas que caen en tierra poco profunda no pueden resistir las pruebas y las persecuciones (**Mateo 13:5-6**). Una fe superficial no puede soportar los desafíos de la vida cristiana.

El peligro de diluir el Evangelio también se manifiesta en la falta de santidad en la iglesia. Cuando el llamado a la santidad y la obediencia a los mandamientos de Dios se suaviza, los creyentes comienzan a vivir conforme a los estándares del mundo en lugar de los de Cristo. **Hebreos 12:14** nos dice: *"Seguid la paz con todos, y la santidad, sin la cual nadie verá al Señor"*. La iglesia no puede impactar al mundo si se conforma a él. El poder del Evangelio radica en su capacidad para transformar vidas, y esa transformación solo ocurre cuando la iglesia predica el Evangelio completo, sin diluir, llamando a las personas a la santidad.

Otro problema que surge al diluir el Evangelio es la pérdida de la urgencia misionera. Cuando el mensaje del Evangelio se centra solo en la bendición personal y el bienestar, los cristianos pierden el sentido de urgencia por compartir el mensaje de salvación con el mundo. El mandato de Jesús en **Mateo 28:19-20** de hacer discípulos de todas las naciones requiere sacrificio, valentía y un compromiso total con el Reino de Dios. Sin embargo, un Evangelio diluido que no enfatiza la misión y el sacrificio crea una iglesia que se enfoca más en sí misma que en el cumplimiento de la Gran Comisión.

Finalmente, diluir el mensaje del Evangelio debilita el testimonio de la iglesia ante el mundo. Jesús dijo en **Mateo 5:13-14** que la iglesia es la *"sal de la tierra"* y la *"luz del mundo"*, pero cuando el Evangelio se suaviza, la iglesia pierde su sabor y su capacidad de brillar en la oscuridad. El mundo necesita ver una iglesia que predica y vive el Evangelio radical de Cristo, no una versión que se acomode a los deseos del mundo. Solo cuando la iglesia vuelva a predicar el Evangelio completo podrá impactar verdaderamente a una sociedad que está sedienta de verdad y transformación.

El Desafío de Vivir una Fe Radical y Comprometida

La iglesia moderna está llamada a vivir una fe más radical y comprometida, reflejando el verdadero costo de seguir a Cristo. En **Apocalipsis 3:16**, Jesús advierte a la iglesia de Laodicea: *"Pero por cuanto eres tibio, y no frío ni caliente, te vomitaré de mi boca"*. Esta advertencia es una llamada a despertar para la iglesia de hoy, que a menudo se ha vuelto tibia en su compromiso con Cristo. Vivir una fe radical no significa solo asistir a la iglesia o participar en actividades religiosas, sino un compromiso diario y total con Cristo en todas las áreas de la vida.

El desafío de vivir una fe radical comienza con la disposición a obedecer a Dios en todo, incluso cuando Su voluntad va en contra de nuestros deseos. En **Lucas 9:23**, Jesús dijo: *"Si alguno quiere venir en pos de mí, niéguese a sí mismo, tome su cruz cada día, y sígame"*. La cruz representa la muerte al "yo" y la entrega total a la voluntad de Dios. Una fe radical implica renunciar a nuestras ambiciones, sueños y deseos para seguir el plan de Dios, incluso cuando ese plan implique sacrificio, incomodidad y sufrimiento.

Vivir una fe radical también significa estar dispuestos a enfrentar la persecución por causa de Cristo. En **Juan 15:18-19,** Jesús advirtió a sus discípulos que el mundo los odiaría por seguirle. A lo largo de la historia, los verdaderos discípulos de Cristo han sido perseguidos, y hoy en día, en muchas partes del mundo, los cristianos enfrentan una oposición similar. Aunque muchos en la iglesia moderna buscan evitar el conflicto y la persecución, el llamado de Cristo es a estar dispuestos a sufrir por Su causa, sabiendo que la recompensa en el Reino de los cielos es mucho mayor que cualquier sufrimiento terrenal.

Otra marca de una fe radical es el compromiso con la misión de Cristo. En **Mateo 28:19-20**, Jesús dio a sus discípulos el mandato de hacer discípulos de todas las naciones. Una iglesia comprometida con esta misión no puede permitirse ser complaciente o pasiva. Vivir una fe radical significa estar activamente involucrados en compartir el Evangelio, tanto a nivel local como global. Esto implica sacrificios de tiempo, recursos y energía, pero es parte esencial del llamado de Cristo para cada creyente. La fe radical no se contenta con asistir a la iglesia los domingos, sino que busca expandir el Reino de Dios cada día.

La oración es otro componente clave de una fe radical. En **1 Tesalonicenses 5:17,** se nos exhorta a "orar sin cesar". Una vida de oración constante refleja una dependencia total de Dios y una pasión por Su voluntad. La iglesia moderna necesita redescubrir el poder de la oración, no solo como un acto ritual, sino como una forma de vida que nos conecta con el corazón de Dios y nos capacita para vivir según Su propósito. Los grandes avivamientos en la historia siempre han comenzado con personas comprometidas con la oración, y lo mismo será cierto para la iglesia de hoy.

Finalmente, una fe radical y comprometida requiere una vida de santidad. En **1 Pedro 1:15-16**, se nos exhorta: *"Sed santos en toda vuestra manera de vivir; porque escrito está: Sed santos, porque yo soy santo".* La santidad no es un concepto anticuado; es el estándar de vida que Dios exige de Su pueblo. Vivir en santidad significa separarnos del pecado y comprometernos con los caminos de Dios. En un mundo que promueve el pecado y la inmoralidad, la iglesia está llamada a ser diferente, a vivir una vida que refleje el carácter de Dios en todo lo que hacemos. Solo una iglesia que vive en santidad puede impactar verdaderamente al mundo.

Conclusión

El llamado de Cristo no ha cambiado, y la iglesia moderna está desafiada a retomar el verdadero significado del discipulado, que incluye sacrificio, renuncia y una entrega total a Dios. En un mundo que busca la comodidad y la autoexaltación, el mensaje de la cruz sigue siendo un desafío radical que demanda que muramos a nosotros mismos y vivamos para Cristo. La tentación de diluir el Evangelio es grande, pero el poder transformador del mensaje de Cristo solo se manifiesta cuando es predicado en su totalidad, sin compromisos ni concesiones.

La iglesia está llamada a vivir una fe radical, comprometida con el llamado de Cristo y enfocada en Su misión. Solo una iglesia que está dispuesta a sacrificar, a sufrir por el Evangelio y a vivir en santidad podrá impactar al mundo de manera duradera. El desafío para la iglesia moderna es dejar de lado la tibieza y la complacencia, y abrazar el llamado de Cristo a una vida de entrega total. El costo es alto, pero las recompensas eternas son incomparables.Como discípulos de Cristo, estamos llamados a contar el costo y decidir si estamos dispuestos a seguirle hasta el final.

Epílogo

Un Llamado a la Rendición Total

A lo largo de este libro, hemos explorado el verdadero costo del llamado de Cristo. El camino del discipulado no es fácil ni cómodo, pero es el único camino que nos lleva a una vida de propósito eterno. Vivimos en una época en la que muchos buscan un cristianismo sin sacrificio, un Evangelio que no cuestione nuestros deseos ni nos desafíe a cambiar. Sin embargo, el mensaje de Jesús sigue siendo claro: si deseamos seguirle, debemos estar dispuestos a dejarlo todo. El discipulado auténtico requiere una rendición total.

El desafío no es pequeño, pero la recompensa es grande. Jesús no nos llama a una vida de comodidad; nos llama a una vida de transformación. Él no quiere que simplemente lo sigamos de lejos, sino que vivamos en una relación íntima y constante con Él. Para eso, debemos estar dispuestos a abandonar todo lo que nos impida seguir Su voluntad. En cada uno de los capítulos, hemos visto cómo esa rendición implica una negación de nosotros mismos, una disposición a cargar nuestra cruz y un compromiso inquebrantable con Su misión.

Es natural que, al considerar este llamado, surjan dudas y temores. El costo parece alto, y ciertamente lo es. Pero Jesús nos promete que el que pierda su vida por Su causa, la encontrará (**Mateo 16:25**). Esta es una promesa que debemos recordar constantemente. En el Reino de Dios, lo que parece pérdida es ganancia, y lo que parece renuncia es en realidad el camino hacia una vida más plena y abundante. No estamos llamados a vivir por los valores de este mundo, sino a abrazar una realidad eterna que supera cualquier cosa que podamos imaginar.

El costo del discipulado también nos llama a una vida de fe. Seguir a Jesús significa caminar por fe, confiando en que Su plan es mejor que el nuestro, aunque no siempre lo entendamos. En este proceso, aprenderemos a depender de Su gracia en lugar de nuestras propias fuerzas. Vivir una vida de obediencia a Cristo implica abandonar el control y rendirnos completamente a Su dirección. Esta es quizás la lección más difícil para muchos de nosotros: dejar de lado nuestras propias agendas y permitir que Él guíe cada aspecto de nuestras vidas.

La obediencia, como hemos visto, no siempre tiene sentido desde una perspectiva terrenal. Puede llevarnos por caminos de sufrimiento y dificultades. Pero la vida de los discípulos, tanto en la Biblia como en tiempos modernos, nos muestra que los mayores actos de fe y sacrificio son recompensados con la presencia transformadora de Dios. Cuando elegimos seguir a Jesús, incluso cuando el camino es difícil, descubrimos que Él está con nosotros en cada paso, fortaleciéndonos y guiándonos.

En esta vida de rendición total, también descubrimos que la verdadera libertad no se encuentra en hacer lo que queremos, sino en hacer lo que Dios quiere. Jesús dijo que conoceríamos la verdad, y la verdad nos haría libres (**Juan 8:32**). Esta libertad no es una licencia para vivir como queramos, sino la capacidad de vivir según el diseño perfecto de Dios para nuestras vidas. Al obedecerle, descubrimos que nuestras cadenas caen, y comenzamos a vivir en la libertad que solo Su verdad puede proporcionar.

Sin embargo, debemos estar atentos a las distracciones que el mundo nos ofrece. Las comodidades, el éxito material, e incluso nuestras propias ambiciones pueden convertirse en obstáculos que nos impiden seguir el llamado de Cristo. Por eso, el discipulado requiere una vigilancia constante. Debemos examinar nuestros corazones con regularidad y estar dispuestos a eliminar cualquier cosa que nos aleje de nuestra devoción a Cristo. Este proceso de purificación es continuo, y es a través de él que nos volvemos más parecidos a nuestro Señor.

Una vez más, este llamado no es solo para unos pocos, sino para todos los que deciden seguir a Cristo. Cada creyente, sin importar su trasfondo, está llamado a vivir una vida de rendición total. Esto incluye tanto a los líderes espirituales como a los miembros laicos de la iglesia. Cada uno de nosotros tiene un papel que desempeñar en el Reino de Dios, y cada uno está llamado a pagar el precio de ese llamado. No es un costo fácil, pero es un costo que vale la pena, porque la recompensa es una vida de propósito eterno en la presencia de Dios.

A medida que consideras lo que has leído en este libro, quiero invitarte a hacer una evaluación personal. ¿Hay áreas de tu vida que aún no has rendido completamente a Dios? ¿Estás dispuesto a dejar atrás tus propios sueños y planes para abrazar el llamado de Cristo, aunque eso implique sacrificio? Estas son preguntas difíciles, pero son esenciales para el crecimiento espiritual. Solo cuando estamos dispuestos a rendirnos completamente podemos experimentar la plenitud de vida que Cristo nos ofrece.

Mi oración es que este libro haya sido una herramienta para desafiarte a tomar decisiones más radicales en tu caminar con Dios. No se trata solo de tener más conocimiento sobre lo que significa ser un discípulo; se trata de vivirlo. Cada día nos enfrentamos a la elección de seguir a Cristo o seguir nuestros propios deseos. Te animo a que, cada día, elijas seguir a Jesús, sabiendo que el costo de seguirle es alto, pero las recompensas eternas son incalculables.

En última instancia, el llamado de Cristo no es solo a ser seguidores, sino a ser discípulos. Ser discípulos significa que estamos comprometidos con Él en cada área de nuestra vida. Es un llamado a la rendición diaria, a una relación profunda y constante con nuestro Salvador. Y es en esa relación que encontramos el verdadero significado de nuestras vidas. A medida que te enfrentas al costo del discipulado, que Su Espíritu te llene de la fuerza y el valor necesarios para seguir adelante.

El precio del llamado puede parecer abrumador, pero nunca caminamos solos. Jesús nos ha prometido que estará con nosotros hasta el fin del mundo (**Mateo 28:20**). Con Su presencia, podemos enfrentar cualquier desafío, cualquier sacrificio, y cualquier prueba, sabiendo que estamos en el camino que Él ha trazado para nosotros. Que el Señor te bendiga en este viaje de obediencia, y que descubras la alegría inquebrantable que solo se encuentra en rendirte completamente a Él.

Preguntas para Profundizar

Este capítulo está diseñado para guiar a los lectores a una reflexión más profunda sobre los temas abordados en el libro. Las siguientes preguntas te invitan a meditar en tu propio caminar con Cristo, a considerar el costo del discipulado y a evaluar si estás dispuesto a pagar el precio para seguir a Jesús más de cerca. Dedica tiempo a responder con sinceridad y busca la guía del Espíritu Santo mientras reflexionas sobre cada área de tu vida.

Capítulo 1: ¿Qué Significa el Llamado?

1. ¿Cómo entiendes el llamado de Cristo en tu vida? ¿Sientes que ya has respondido a ese llamado de manera completa, o hay áreas en las que aún te resistes?

2. En tu vida diaria, ¿cuáles son las señales que te recuerdan el costo de seguir a Cristo?

3. Reflexiona sobre la diferencia entre ser llamado y ser elegido. ¿Sientes que Dios te ha elegido para algo específico?

Capítulo 2: Negarse a Sí Mismo

1. ¿Cuáles son los deseos personales que te resultan más difíciles de negar para seguir a Cristo?

2. ¿Cómo crees que la cultura moderna choca con el principio de negarse a uno mismo? ¿Cómo puedes combatir esas influencias en tu vida diaria?

3. Piensa en un ejemplo reciente en el que tuviste que negarte a ti mismo por amor a Cristo. ¿Qué aprendiste de esa experiencia?

Capítulo 3: Cargar la Cruz

1. ¿Qué significa para ti cargar tu cruz diariamente? ¿Cómo lo aplicas en tu vida cotidiana?

2. ¿Qué desafíos personales enfrentas al tratar de vivir una vida de renuncia y sacrificio?

3. ¿Puedes identificar una situación en la que experimentaste gozo al llevar tu cruz por Cristo?

Capítulo 4: El Costo del Compromiso

1. ¿Qué has sacrificado hasta ahora por tu compromiso con Cristo? ¿Sientes que hay más cosas que Dios te está llamando a entregar?

2. ¿Cómo manejas la presión del mundo que a menudo está en contra de los principios cristianos que practicas?

3. Reflexiona sobre un momento en que sentiste que el costo de seguir a Cristo era demasiado alto. ¿Cómo te ayudó Dios a superar esa sensación?

Capítulo 5: El Sacrificio de la Voluntad Propia

1. ¿Cuándo fue la última vez que tuviste que sacrificar tu propia voluntad para seguir la voluntad de Dios?

2. ¿Qué áreas de tu vida aún estás tratando de controlar en lugar de entregarlas por completo a Dios?

3. ¿Cómo puedes imitar a Jesús en su sumisión total a la voluntad del Padre, incluso cuando es difícil?

Capítulo 6: La Guerra Espiritual del Discípulo

1. ¿Reconoces que estás en una guerra espiritual diaria? ¿Cuáles son tus mayores desafíos en esta batalla?

2. ¿Qué armas espirituales estás usando para resistir al enemigo? ¿Hay alguna que podrías utilizar mejor?

3. ¿Cómo te apoyas en la armadura de Dios en tiempos de prueba y tentación?

Capítulo 7: La Recompensa del Llamado

1. ¿Qué recompensas espirituales has experimentado al seguir a Cristo, a pesar de las dificultades?

2. ¿De qué manera has visto el gozo y la paz como frutos de tu obediencia a Dios?

3. ¿Cómo mantienes una perspectiva eterna en medio de las pruebas diarias?

Capítulo 8: El Llamado a Servir

1. ¿De qué manera estás sirviendo a los demás en el nombre de Cristo? ¿Cómo puedes mejorar en tu servicio?

2. Reflexiona sobre Jesús como el siervo perfecto. ¿Qué áreas de tu vida requieren más humildad para seguir su ejemplo?

3. ¿Qué sacrificios has hecho para servir a otros, y cómo has visto a Dios obrar a través de ellos?

Capítulo 9: Persecución y Rechazo

1. ¿Has experimentado persecución o rechazo por seguir a Cristo? ¿Cómo has manejado esas situaciones?

2. ¿Cómo te mantienes fiel bajo la presión de ser aceptado por la cultura actual?

3. ¿Cómo puedes fortalecer tu fe para enfrentar posibles persecuciones en el futuro?

Capítulo 10: Renunciar a Todo

1. ¿Hay algo en tu vida que sientes que Dios te está llamando a dejar, pero aún te aferras a ello?

2. Reflexiona sobre el concepto de renunciar a lo material, lo emocional y lo espiritual. ¿Qué has renunciado hasta ahora por seguir a Cristo?

3. ¿Qué ejemplos modernos o bíblicos te han inspirado a hacer mayores sacrificios por el Reino?

Capítulo 11: La Muerte al Yo

1. ¿Qué significa morir al "yo" en tu vida diaria? ¿Qué aspectos de tu carácter necesitas someter más a Cristo?

2. ¿Cómo puedes vivir más según el Espíritu y menos según la carne?

3. ¿Cómo puedes reflejar mejor la imagen de Cristo en tu vida a través de un proceso continuo de muerte al "yo"?

Capítulo 12: El Llamado de Hoy

1. ¿Cómo te desafía personalmente el costo del discipulado en la cultura moderna?

2. ¿Hay áreas en tu vida donde sientes que has diluido el mensaje del Evangelio? ¿Cómo puedes ser más firme en proclamar la verdad completa?

3. ¿Qué pasos concretos puedes tomar para vivir una fe más radical y comprometida?

Conclusión de la Sección de Reflexión

La clave de cada uno de estos temas es la acción. Dios te ha llamado a una vida de obediencia y sacrificio, pero las recompensas eternas y la plenitud de vivir en Su voluntad sobrepasan cualquier cosa que el mundo pueda ofrecer. Estas preguntas son solo el comienzo de un proceso continuo de rendición, reflexión y crecimiento. Permite que el Espíritu Santo te guíe a través de cada desafío que enfrentas, recordando que el costo del llamado es alto, pero las recompensas en Cristo son infinitas.

Acerca del Autor

Diego Colón Batiz es un líder apasionado con casi 30 años de experiencia en el ministerio, dedicado a la formación de líderes comprometidos con el llamado de Dios. Actualmente, sirve como Director del Departamento de Educación de la Región Hispana Iglesia de Dios Florida, un rol en el que supervisa y desarrolla programas enfocados en la preparación de ministros para el servicio eficaz en el Reino.

Su ministerio se ha caracterizado por un enfoque claro en la enseñanza, la mentoría y el equipamiento de nuevos líderes, ayudándolos a comprender las demandas y el costo del llamado. Diego ha sido una voz influyente en la capacitación de generaciones de obreros, compartiendo desde su experiencia personal los desafíos y las bendiciones de obedecer el llamado divino.

"El Precio del Llamado" es un reflejo de su deseo de ayudar a creyentes y líderes a entender que seguir a Cristo conlleva sacrificio, obediencia y un compromiso radical con la obra del Señor. A través de este libro, ofrece una perspectiva única basada en su recorrido ministerial y su conocimiento profundo de las Escrituras.

Diego también valora profundamente el tiempo con su familia, considerando este un pilar de su vida y ministerio. En sus momentos libres, disfruta de la adoración y de modelar una fe práctica y genuina tanto en el hogar como en la iglesia, demostrando que el llamado al servicio comienza en lo cotidiano.

Para invitaciones, Teléfono: 407-900-1995
Email: pastor.diegocolon@gmail.com
Orlando, Florida, EE. UU

Made in the USA
Coppell, TX
20 February 2026

72472000R00080